앞으로 3년,
오를 지역만 짚어주는
부자들의 부동산 투자

지금보다 3배 더 벌고 싶다고?

앞으로 3년,

오를 지역만 짚어주는

부자들의 부동산 투자

박 연 수(쌈지선생) 지음

슬로디미디어

c o n t e n t s

3. 3년 후 핵심 지역을 선점하라 : 미래의 핵심 지역 베스트 10

4. 정부의 부동산 정책과 대응전략

5. 아파트 투자 바로 보기

PROLOGUE

우리가 살고 있는 이 시대는 혼돈의 시대가 맞는 것 같다. 무엇이 맞고 틀리는지를 가늠하는 것조차 어렵다. 경제문제는 더하다. 정부는 뛰는 집값을 잡겠다고 난리인데, 정작 떨어져야 할 핵심권역의 부동산은 쉼표 없이 오르기만 한다. 핵심권역의 집값은 전고점이 없고 신고가만 있다는 말이 실감나는 상황이다.

미래의 대한민국 부동산은 과연 어떻게 움직일까? 시장의 변수가 산재해 있다 보니 무엇 하나 확실하게 손에 잡히는 것이 없다. 정부는 매일 일기 쓰듯이 강력한 부동산 정책을 내놓고 있다. 문재인 정부 출범 후 1년간 크고 작은 부동산 대책이 10여 차례나 발표되었다. 그럼에도 정부가 의도했던, 강남의 다주택자가 갖고 있는 집을 팔았다는 말은 나오지 않고 있다. 정부의 정책으로 강남의 재건축단지가 침체되면 강북 재건축단지가 반사이익을 얻는 식으로 시장이 이동되어간다.

정부는 이렇게까지 사람들이 부동산에 집착하는 현상을 모르고 있는 것일까? 대한민국 부동산의 아킬레스건은 인구절벽 현상이다. 그러나 인구절벽 현상에도 불구하고 수도권으로 인구가 몰리고 있는 지역 간 인구의 비대칭성이 부동산시장에 미치고 있는 영향은 어떻게 설명할 것인가.

인구절벽 현상으로 지방의 부동산시장은 초토화되고 있지만 수도권 핵심 지역은 상승세를 멈추지 않고 있다. 대한민국 부동산은 끝났다는 말은 지방권에서나 해당되는 말이다. 남북경협이 재개되면서 오르지 않던 수도권 서북부 지역은 크게 요동치고 있다. 이것이 현실이다.

한국 경제는 지금까지 단 한 번도 경험해보지 않은 저금리 시대가 10년 이상 지속되고 있다. 한국은행이 기준금리를 올렸다고는 하지만 2018년 7월 기준으로 1.5퍼센트에 머물고 있다. 1990년대와 비교해 10배 낮은 금리이고, 10년 전과 비교해도 5분의 1 수준이다. 은행예금에 돈을 넣어서는 이자에 대한 세금을 떼고 나면 1퍼센트대의 이자를 손에 쥘 뿐이다. 물가상승률도 못 쫓아가는 금리다.

저금리로 인해 상대적으로 풍부해진 돈과 낮은 금리로 대출을 받아 레버리지를 노리고 주식과 부동산에 투자하는 사람들이 몰려들어 코스피 지수는 사상 최고를 기록하고 있다. 은행예금 대신 월세로 노후생활을 보장받으려는 생계형 투자자마저 다수의 임대주택을 매입하는 국면에서 전 정부가 부동산 규제 정책을 대폭 풀면서 이 사단이 난 것이다.

만약 금리가 2009년의 10퍼센트대로 회귀한다면 대출받아 집을 살 사람도 없을 것이고 은행예금만으로도 가처분소득이 늘어나 민간연금 가입자 수도 크게 늘어날 것이다. 그런데 10년 전의 10퍼센트 금리 시대로 돌아갈 수 없다는 것은 시장의 이해관계자 모두가 알고 있는 사실 아닌가.

은행예금만으로는 가처분소득을 늘릴 수가 없으니 노년층마저 가장 리스크가 크다는 주식, 해외자산과 결합된 파생 상품에 투자하는 것이다. 요즘 주식시장에서 가장 공격적인 투자를 하는 사람들은 청년층이 아니고 중·장년층이라고 한다. 가상화폐에 투자하는 중·장년층도 꽤 많다.

인생 마지막 생명줄 같은 돈을 리스크의 깊이를 알 수 없는 고위험 상품에 투자하는 것이다. 그런데도 정부는 그나마 개인의 가처분소득을 늘려주던 부동산시장을 국제 정책으로 일관하고 있다. 정부는 이제 이 피곤한 싸움은 그만두고 시장의 자정능력을 믿고 맡겨보면 어떻겠는가. 이미 정부가 할 수 있는 거의 모든 대책은 다 나왔다고 본다. 정부의 부동산 대책이 계속 나와도 부동산은 오른다. 이것이 대한민국 부동산이기 때문이다.

인구의 이동으로 상권이 변하고 교통망이 혁명적으로 개선되는 곳, 원 도심 도시재생 사업 효과로 다시 상권이 부활하고 떠났던 사람들이 돌아오는 곳, 미래에 핵심권역의 지위를 차지할 곳들은 정부의 정책에 아랑곳하지 않고 오른다. 정부의 권력은 유한하지만 시장은 영원하다. 시장은 잠재가치에 비해 저평가된 곳을 정확히 기억한다. 일시적인 풍파가 시야를 가려도 먹구름과 태풍은 지나가기 마련이다.

저금리와 유동성국면을 이용한 레버리지 투자와 전세가와 매매가의 차이를 활용해 다주택자가 되는 갭 투자는 여건의 악화로 자제하는 것이 맞다. 그러나 실수요자까지 위축되어 미래의 핵심 지역을 선점해 투자이익과 내 집 마련의 소원을 이루는 일까지 포기할 필요는 없다고 정확히 말해둬야겠다.

앞으로 1년에서 2년간 부동산시장은 혼란스러울 것이고 입주물량의 급증으로 조정 국면이 길어 질 수도 있을 것이다. 그러나 그 후부터 재편된 핵심권역은 분명히 다시 가격이 오른다. 정부의 정책에 맞설 필요까지는 없지만 정부의 정책에 위축될 필요도 없다. 정부의 정책은 언제든 수정될 수 있는 것이다.

새해가 시작되는 1월을 영어로 제뉴어리January라고 부른다. 이 단어는 그리스라틴어를 어원으로 하는 야누스Janus에서 어원을 두고 있다. 야누스는 우리 인간을 두 얼굴을 가진 괴물로 묘사한다. 마치 지킬 박사와 하이드처럼 말이다. 그렇다. 우리가 사는 세상은 밝음이 있으면 어둠이 존재하는 것이다.

천당과 지옥이라는 극히 대비되는 말도 우리가 사는 세상을 정의해주는 말이다. 투자의 세계도 인간이 사는 세상의 이치 마냥, 명과 암이 엄연히 존재한다. 시장은 우리가 원한다고 항상 호시절이 계속될 수는 없다. 오히려 호시절이 오래갈수록 우리는 다가올 침체기를 대비해야 한다. 2014년에서 2017년 상반기 사이에 있었던 부동산시장의 호황은 상수로 존재하고 있는 초 저금리와 이전 정부의 전면적인 부동산 규제 완화 정책에 의한 것이었다.

우리는 이러한 흐름이 적어도 정권의 말기까지는 갈 것으로 생각하고 있었다. 그러나 국정농단 세력에 대한 민심이 전 정권을 끌어내렸고, 촛불민심에 의해 집권한 현 정부는 이전 정부와는 180도 다른 부동산 정책을 실행하고 있다. 부동산시장은 3~4년의 투자공간에서 천당과 지옥을 모두 경험하고 있다. 마치 우리가 사는 세상이 야누스의 두 얼굴을 하고 있는 것처럼 말이다.

사랑은 상대에 따라 움직이는 것이다라고 말한다. 사람의 마음이 변하는 것이 아니라 사랑이 사람의 마음을 변하게 하는 것이다. 이 말처럼 사람의 마음이 결정하는 투자 상품의 가치라는 것, 역시 경제 변화에 따라서 변하는 것이다. 그렇다. 우리가 투자하는 상품은 그것이 무엇이든지 경제상황의 변화, 정부의 정책에 의해 가치가 달라지는 것이다. 새 정부가 들어서기까지 부동산 가격 상승을 견인해온 핵심적인 재료는 전 정부의 부동산 규제 완화 정책에 영향을 받은 것이다. 새 정부 들어와 전 정부의 부동산 규제 완화 정책이 부동산 규제 정책으로 선회했다. 부동산을 대하는 우리의 마음이 변한 것이 아니라 정부의 정책이 우리가 부동산을 대하는 마음을 변하게 한 것이다.

2014년에서 2017년까지 저금리와 시장유동성의 확대에 힘입어 성행했던 과격한 레버리지, 갭 투자의 흐름세가 멈춘 것도, 새 정부의 부동산 정책이 투자자의 유동성을 일부나마 끊어놓는 주택 담보대출 규제 정책을 강력하게 추진하고 있기 때문이다.

정부는 대출 규제에 대해서 속도를 줄이지 않고 신 DTI 주택 담보대출 제도 적용을 시작으로 개인이 현재 쓰고 있는 모든 금융회사의 대출을 총량적으로 규제하는 DSR제도의 도입을 서두르고 있다. 이 제도가 현실화되면 빚을 내서 부동산에 투자하는 일은 더욱더 어려워진다.

지금의 부동산시장에 대해서 낙담할 필요는 없지만, 그렇다고 손 놓고 투자를 멈춰서도 안 된다. 정부의 부동산 규제 정책은 아파트를 많이 가진 다주택 보유자에 초점을 맞추고 정책을 수행하기 때문에 실수요자에게는 영향이 크지 않다.

그러나 예전처럼 아파트 투자로 단기 시세차익을 얻겠노라고 덤벼드는 사람들에게는 영향이 크다. 사실 부동산 상품이라는 것이 아파트를 투자대상으로 하는 소형 아파트, 재건축 아파트만 있는 것이 아니다. 아파트시장은 지금부터 소강상태에 접어든다고 해도 수도권 전체 구 도심에서 활발하게 진행되고 있는 도시재생산업 추진 지역의 주택과 아파트, 독신가구를 대상으로 하는 임대주택시장은 기준금리 대비 현재에도 그 경제성이 여전하기 때문이다.

지난 1년 사이에 부동산시장은 천지개벽 정도로 변화의 폭이 너무 크다. 정부의 강력한 부동산 대출규제 정책이 지속적으로 이뤄지고 있고, 이제는 금리 인상이 현실화되고 있다. 그러나 이 와중에서 우리가 생각해봐야 하는 것이 금리 인상이 이뤄진다고 해도 한국은행의 기준금리 인상 폭이 1퍼센트 내외라고 예상된다는 점이다. 이 정도의 금리 인상은 과거 수준과 비교해봤을 때 금리가 올랐다고 할 수는 없을 것이다.

따라서 금리 인상이 현실화된다고 해도 저금리 시대가 끝났다고 말할 수는 없다. 영국 중앙은행도 2017년 10월 말에 금리를 올렸지만, 그 인상 폭은 0.25퍼센트에서 0.5퍼센트로 0.25퍼센트가 올렸을 뿐이다. 세계 주요 선진국의 양적 완화 정책은 아직 끝난 것이 아니다. 따라서 금리가 2008년 수준의 10퍼센트 시대로 진입하여 투자시장의 지형이 바뀔 것이라고 생각한다면 이는 너무 오버해서 시장을 보는 것이다. 기준금리가 아무리 올라도 1퍼센트 내외가 될 것이기 때문에 현재의 저금리 기조에는 변함이 없다.

이 흐름을 상징적으로 보여주는 흐름이 주식시장에서 잘 나타나고 있다. 코스피 주가는 우리 기업의 펀더멘털 약화, 한반도 정세를 둘러싸고 있는 정치·군사적 리스크의 위협, 여기에 금리마저 오르는 온갖 악재에도 불구하고 한국증시가 상장 이후 단 한 번도 경험하지 못하고 있는 코스피 2500지수를 2017년 10월 26일에 기록했다.

이 흐름이 말하는 것은 무엇인가. 금리가 오르는 것이 기정 사실화되었어도 인상 폭은 크지는 않다는 것을 투자자 자신들이 알고 있다는 것이다. 더불어 이 정도의 금리 인상 폭으로는 주식투자를 막을 수 없으며, 계속해서 유동성장세는 이어질 것이라고 역으로 증명하는 것이다.

이런 점에서 부동산 투자가 강화되고 있는 정부의 부동산 담보대출의 규제에도 불구하고, 부동산시장의 향후 전망을 부정적으로 보는 것은, 부동산시장의 흐름을 잘못 읽고 있는 것이다.

결론적으로 금리가 올라도 이 정도의 금리 인상 폭으로 유동성장세가 끝났다고 생각하는 것은 잘못된 생각이다. 오히려 이 시기에는 가격 조정을 받는 틈을 이용하여 낮은 가격으로 원하는 부동산을 매입하는 기회로 삼아야 한다. 투자는 소수의 편에 섰을 때 돈을 버는 것이다.

투자 상품의 절대적 가치는 없다. 경기 흐름의 변화에 의한 상대적 가치만 존재할 뿐이다. 따라서 앞으로 금리가 인상된다고 해도 저금리 기조는 변하지 않으므로 저금리 기조 흐름에 맥을 같이하는 투자를 해야 한다.

필자는 평소에 부동산시장에 대해서 이런 생각을 가지고 있다. 부동산가격이라는 것은 부동산시장의 내부적 기초여건, 정부 정책 그리고 정부 정책의 상위개념이라고 할 수 있는 금리 흐름, 시장의 유동성에 있다고 생각해왔다.

필자의 경험으로 생각해볼 때 부동산시장에서 이처럼 과격한 수준의 레버리지와 갭 투자가 성황을 구가하는 시기는 없었다. 부동산시장이 이러한 양상을 보인 이유는 이전 정부의 대출 규제 완화 정책에도 영향을 받았겠지만, 그보다는 지속되고 있는 저금리와 이에 따라 상대적으로 풍부해진 시중의 유동성이 부동산시장에 흘러 들어와 가격을 끌어올린 것이다. 이와 반대로 최근에 부동산시장이 다시 냉각기로 접어드는 시그널이 감지되고 있는 것은 은행권의 주택 담보대출 금리 인상, 주택 담보대출 규제 정책에 의한 것이다. 그래서 부동산시장에서 투자자의 행동심리에 큰 영향을 미치는 것이 금리와 시장 유동성이라고 보는 것이다. 정부 역시 이 고리를 끊는 일이 정부에서 말하는 다주택보유자의 투자의지를 억제하는 것으로 보기 때문에 금리 인상과 함께 이러한 정책을 선제적으로 추진하는 것이다.

자료를 찾아보니 노무현 정부 시절, 집권 3년 차가 되는 해로부터 집권 종료 시까지 17번의 부동산 규제 정책이 실행됐다고 한다. 그럼에도 불구하고 날뛰는 부동산 가격을 잡지 못한 채 정권에서 내려와야 했다. 사실만을 가지고 이야기를 해본다면 대한민국 부동산시장이 침체국면으로 전환된 것은 정부의 강력한 부동산 정책도, 부동산시장 내부의 문제에 의해서도 아니었다.

금리는 다양한 변수에 의해 변동되는 것으로 기업, 개인, 국가의 재무적 위험이 높아져도 금리는 상승한다. 그래서 금리는 총체적 재무적 위험과 비례해서 오른다고 말을 하는 것이다.

그 대표적 사례가 미국의 서브프라임 모기지론이 불러온 금융위기다. 저 신용자들에게 주택 담보 내용 이상의 대출을 해주고 대출 시에 설정한 저당권(모기지)을 특수 목적 회사가 인수하여 이를 증권화시켜 증권시장에 유통시키는 과정에서 위험은 증폭되었고, 결국 이것이 터져 발생한 것이다. 이로 인해 전 세계적으로 버블 붕괴에 의한 자산가치가 폭락하면서 국내에서도 주식, 부동산의 가치가 한순간에 똥값으로 전락했다. 따라서 노무현 정부의 강력한 부동산 정책이 부동산 버블을 막은 것이 아니고, 금융위기로 자산가치가 급락하면서 자연스럽게 부동산 가격이 안정을 넘어서 침체의 상황에 이른 것이다.

이제 금리 인상은 기정사실이다. 단지 그 폭이 얼마나 되는가가 관심사다. 앞으로 금리가 오른다면 얼마나 오를 것인가. 모든 부동산 투자자의 관심이 이 부분에 쏠려 있을 것이다.

필자는 개인적으로 정부의 정책은 시장에서 상수는 못 된다고 생각하고 있다. 정부의 정책이라는 것은 과거부터 최근에 이르기까지 시장 흐름에 따라 냉탕과 온탕을 무한 반복한다. 내수경기가 조금만 나빠져도 정책의 기조를 바꾸는 것이 정부의 정책이다.

이것은 국민의 표를 의식하고 정책을 펼칠 수밖에 없는 대의민주주의 국가에서의 정부 정책의 한계점이다. 그런데 금리는 다르다. 만약 현시점보다 금리가 급등하는 경우는 대출한계에 처해 있는 개인들부터 파산의 도미노 게임이 시작되는 결과가 올 수도 있다. 그래서 부동산시장에서 금리는 정부의 정책보다도 무섭다고 말하는 것이다.

불행한 이야기가 되겠지만 앞으로 금리는 오른다. 그러나 나는 개인적으로 금리 인상 폭은 미약할 것으로 본다. 그 이유는 자본의 경계가 사라진 신 자유주의 시대에는 금리동조화라는 현상을 보여주기 때문이다.

주요 선진국들이 자국 경제를 살리겠다고 자국의 기준금리를 여전히 마이너스금리까지 낮추고 있는 마당에, 우리나라만이 금리를 크게 올릴 가능성이 많지는 않다. 특히나 개인의 가계부채가 1,500조 원에 이르는 상황에서는 더욱 그렇다.

그러나 미국의 양적 완화 정책 축소가 현실화되었고, 미국 연준까지 금리 인상을 장담하고 있는 상황이다. 만약 미국 연준의 금리 인상 폭이 생각보다 크다면 우리 증권시장에서부터 셀 코리아 현상이 당장 발생할 것이다. 이렇게 된다면 미국계 자본이 국내 증권시장의 약 절반을 차지하고 있는 현실에서 한국은행의 고민은 깊어질 수밖에 없다.

어쨌든 금리 인상과 대출 규제, 대출금리의 인상문제는 이제 미래의 얘기가 아니고, 현실의 문제가 되었다. 향후 부동산 매입을 하는 사람은 대출 규제를 피해가는 전략부터 세우고 부동산 투자를 해야 하는 시점에 와 있다는 것을 명심해야 할 것이다.

앞서 말했듯이 부동산시장에서 정부의 정책보다 투자자에게 더 큰 영향을 미치는 것은 금리와 시장유동성이라는 사실을 잊지 말아야 할 것이다. 특히 금리 인상이 현실화되어 있고 은행권의 대출 규제가 강화되고, 대출금리까지 오르는 시점에서는 더욱 그러하다.

그러나 무주택 실소유자들은 오히려 청약 가점제 환산에 유리한 고지에 올라섰다고 할 수 있다. 그리고 투기과열지구에 대한 규제 강화 정책으로 풍선 효과가 발생하는 지역은 전략적으로 이용 하는 경우 실수요자에게는 호재다.

정부의 정책으로 크게 달라질 것이 없다는 것이 나의 생각이다. 현재 우리가 부동산시장에서 눈여겨볼 것은 인구절벽 현상에도 불구하고, 인구밀도의 지역 간 비대칭성 증가로 인해 핵심권역과 비 핵심권역의 양극화 현상이 심화되고 있는 부분이다. 시장은 우리가 예상하지 못하는 지점에서 호재가 발생하기도 한다. 이제는 시간이 흘러 과거 속 역사적 사건으로 기억되고 있으나 누구도 예상치 못한 시점에 남북 긴장 관계가 평화 모드로 전환되면서 그 후속 조치로 남북경협의 문제가 급진전됨에 따라 수도권 북부 지역의 부동산이 요동치고 있다. 그 결과 남북경협의 수혜 지역으로 예상되는 지역의 부동산 가격이 급등하고 노무현 정부 당시 2기 신도시의 한 곳으로 개발된 파주 운정신도시는 부동산시장이 조정 국면으로 진입하였음에도 불구하고 급매물이 모두 소진되고 GTX 역세권 인근의 아파트들은 계속 신고가를 다시 쓰고 있다.

부동산시장은 끊임없이 변한다. 이를 인간의 능력으로 아는 것은 한계가 있다. 우리는 변화하는 시장의 흐름에 주목하고 변화하는 시장에서 과연 누가 승리의 면류관을 쓰게 될 것인가. 필자는 개인적으로 여러분이 승리의 면류관을 쓰는 사람이 되었으면 한다.

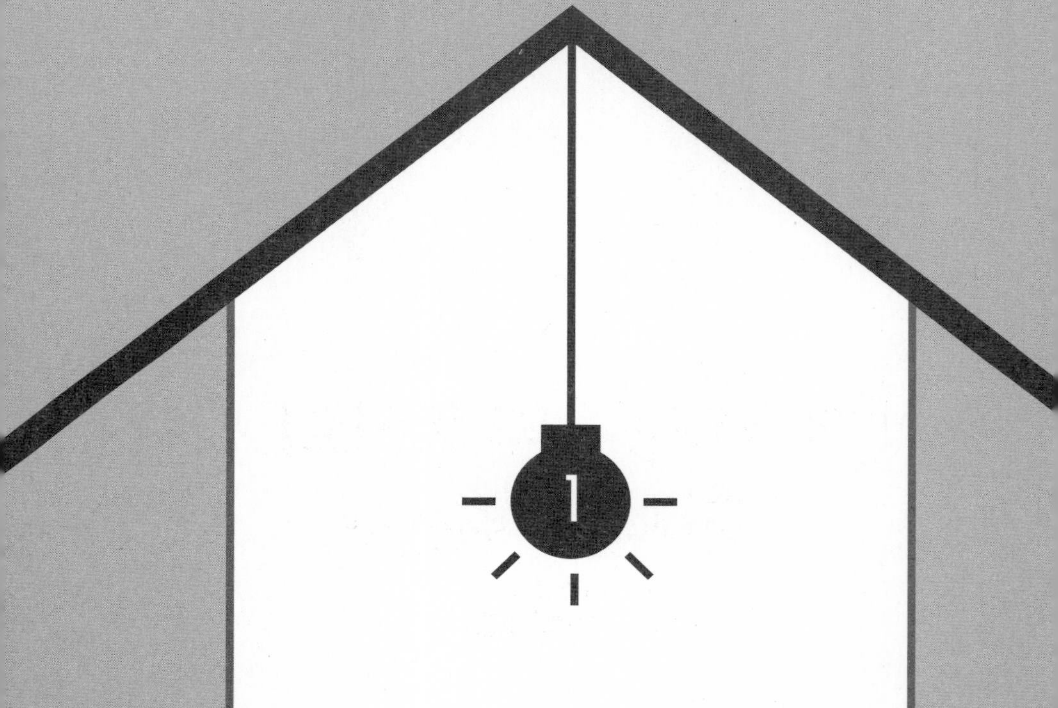
1

대한민국 부동산의 현재를 읽는 키워드

0 0 1

매일 일기 쓰듯 발표되는 정부의 부동산 정책

문재인 정부 출범 1년, 정부는 매일 일기 쓰듯이 부동산 대책을 내놓고 있다. 어제 내놓은 부동산 정책이 시장에 효과가 없으면 밤새 고민했다가 다시 일기 쓰듯 또 다른 부동산 대책을 내놓고 있다. 정부의 부동산 대책은 시장을 사이에 두고 누가 이기나를 놓고 대결하는 것 같다. 정부는 공익적 가치를 위해 강력한 부동산 정책을 내놓고 있다고 말하겠지만 이것을 지켜보는 시장의 피로감은 더해간다.

정부가 계속해서 강력한 부동산 대책을 내놓는다고 해서 부동산 가격이 잡힌다고 생각하면 오산이다. 정부는 부동산 규제 정책 중에 간간히 부동산 활성화를 꾀하는 공공주택 공급, 도시재생산업, 전국적인 규모의 택지 개발 사업을 추진하고 있지 않은가. 정부 역시 규제만으로 부동산시장을 통제하는 것에 부담을 느끼지 않을 수 없을 것이다. 집권 초기 문재인 정부의 부동산 정책을 주도하던 김수현 비서관, 김현미 국토교통부 장관이 비둘기파에 속하는 김동연 부총리와의 주도권 싸움에서 밀리게 된 배경도 이러한 강경적인 태도에 대한 불만을 의식한 것이라는 방증이다. 정부는 그것이 옳든, 안 옳든 지지를 의식하지 않을 수 없다.

정부는 2017년 10월 24일, 가계부채 종합계획을 발표했다. 이 정책으로 은행대출을 안고 부동산에 투자하는 세력은 유동성의 단절로 부동산 투자가 위축될 것이다. 정말 내 집 마련이 시급한 실수요자도 피해를 입는다. 그러나 여유자금이 많은 투기세력은 이에 굴하지 않는다.

정부가 강력한 부동산 정책을 추진하지 않아도 이미 시장은 조정국면으로 접어들었다. 이런 판국에 실수요자들마저 위축시키는 부동산 정책을 고집한다는 것은 정부의 정책 정당성을 스스로 잃게 만들고 있다.

정부의 부동산 정책은 절대 시장을 이길 수 없다. 정부는 서민들을 위해 다주택자, 강남재건축단지를 규제하는 부동산 정책을 지속적으로 내놓고 있다고 하지만 강남의 아파트는 가격을 선도하는 역할을 하기 때문에 전체적인 수도권아파트의 가격만 올려놓는 역할을 해왔다. 정부가 간과하는 것은 다주택자들도 다 사정이 다르다는 것이다. 불로소득을 노리고 임대 사업에 목숨 걸고 투자하는 사람도 있겠지만 이들처럼 기업형으로 투자하는 개인은 소수이고 저금리로 인해 노후생활이 어려워진 노년층, 은퇴자, 단순히 재테크용으로 다주택자가 된 사람이 많다는 것이다. 이들이 서 있는 물적 토대의 위치는 재산의 규모로 볼 때 서민이지만 고가의 주택을 여러 채 보유한 부자들과 같은 생각을 하고 투자를 한다는 것이다.

가상화폐에 투자하는 것이 엄청난 위험을 초래하는 것인지 모르고 투자하는 사람은 없을 것이다. 투자시장에서 공격적인 투자자가 늘고 있다는 것은 정상적인 방법으로는 가처분소득을 늘릴 수 있는 현실적인 출구가 없기 때문이다,

금리는 바닥을 기고 있고 소득절벽으로 희망을 상실한 사람들이 많은 사회에서 그들은 과연 어떤 선택을 해야 할 것인가. 필자는 개인적으로 정부의 강경한 정책이 기대했던 경제적 효과는 없고 서민들만 더 고통에 빠트릴 것 같아 걱정이다. 정부는 이제 한 걸음 뒤로 물러나 상황을 지켜보고 시장의 중재자로서 자리를 지킬 것을 당부하고 싶다.

정부의 강력한 부동산 정책이 계속되더라도 실수요자들은 너무 위축되지 않았으면 한다. 실제로 실거주용 주택은 대출 규제의 영향이 별로 없고 다주택자들만 대출 규제에 직접적인 영향을 받을 것이다.

정부는 10·24부동산 대책은 주택뿐 아니라 오피스텔 등의 수익성 부동산을 포함한 부동산 임대 사업에 대한 대출을 줄이기로 한 것이다. 8·2 부동산 대책 등의 기존의 부동산 규제에다가 금리 인상, 입주 물량 등 악재가 겹치고 있어 부동산시장이 냉각기가 도래할 것으로 보인다.

정부는 2018년 2월부터 신 DTI(총 부채 상환비율) 제도를 시행하고 있다. 예전의 DTI는 개인의 상환능력을 소득수준을 기준으로 해서 대출한도를 정하는 것이었다. 현재 투기 과열지구로 지정된 서울의 DTI 비율은 40퍼센트로, 이는 연간 대출금액이 연소득의 40퍼센트를 넘을 수 없다는 의미다.

신 DTI의 핵심내용은 추가로 주택 담보대출을 받을 때 이미 보유한 주택 담보대출의 원리금과 상환액까지 합산하는 것이다. 지금까지는 상환액에 기존 주택 담보대출의 이자상환액만을 합산해 계산했다. 또 기존 주택 담보대출 보유자의 추가 주택 담보대출에는 대출기간이 15년으로 제한된다.

집이 없는 사람이나, 기존에 살던 집을 팔고 새집으로 옮기는 사람 입장에서는 큰 차이가 없다. 청년층은 상대적으로 수혜를 볼 수 있다. 신 DTI는 장래소득 예상치까지 고려하고 있기 때문이다. 특히 만 40세 미만 무주택 공급자에 대해서는 은행 재량으로 장래소득을 10퍼센트 넘게 늘려줄 수 있도록 했다.

2018년 하반기부터는 DSR(총 부채 원리금상환비율)이 도입된다. 대출자의 주택 담보대출뿐 아니라 신용대출과 마이너스통장대출, 자동차 할부금융 등, 모든 형태의 대출 원리금을 합산해서 계산하는 방식이다. 정부는 DSR 도입문제에 대해서 금융회사 관리를 위한 지표로만 활용한다는 방침이다.

10·24조치의 부동산 대출 규제는 상가, 오피스텔 등의 사업용 부동산이 모두 포함된다. 정부는 은행의 대출이 부동산 임대 업종에 몰려 있는 것을 완화하는 방안으로 이자 비용 대비 임대소득을 말하는

RTI(임대업 이자상환비율)를 대출심사의 참고지표로 활용하되 향후 의무적으로 규제하는 방안도 검토하고 있다고 밝히고 있다. 현재는 RTI의 150퍼센트가 규제선으로 될 것으로 보고 있다. 이는 대출이자가 100만 원이라면 최소한 150만 원을 버는 임대업자에게만 대출을 해주겠다는 것이다.

이러한 정책으로 인해 시장에서 싼 이자를 활용해 무리하게 돈을 빌려 부동산에 투자하는 사람들은 위축될 것이다. 이 조치가 실행돼도 실제 가격이 조정될지는 지켜볼 일이다.

반면에 매매 가격과 전세 가격의 차액만으로 아파트를 매입하는 갭 투자가 더욱 기승을 부릴 것이라는 전망도 있다. 갭 투자는 사실상 은행대출 대신 세입자의 전세금을 받아 투자하는 형태라서 정부의 규제에 벗어나있기 때문이다.

실제로 2017년 집 가격이 오르는 가운데 정부가 대출 규제를 강화하면서 월세 대신 전세를 택하는 사람들이 늘었다. 전체 주택 매입자 비중은 2017년 3월 54.7퍼센트였지만, 2017년 9월에는 59.1퍼센트까지 늘었다.

우리의 투자가 현상에만 머물고 있다면, 미래의 흐름을 놓치기 쉽다. 현재 부동산시장은 조정 국면으로 진입하였고, 그 기간이 얼마나 될지 어느 누구도 장담할 수 없다.

그러나 분명한 것은 조정 국면이 끝나면 미래의 핵심 지역으로 발전할 곳은 새로운 신고가를 써 내려갈 것이 확실하다는 것이다. 수도권의 교통 핵심으로 얘기되고 있는 GTX 수혜 지역부터 가격이 오를 것이다. 앞으로 내 집 마련을 생각하고 있는 사람이라면 이 지역들에선 투자해두는 것이 경제성이 담보되는 투자라고 할 수 있다.

002

J 노믹스 시대의 부동산 투자

문재인 정부의 정책은 전 정부들과 완전히 다른 행보를 걷고 있다고 할 수 있다. 바로 전 정부에서는 대기업 중심의 성장 정책, 부동산 규제 완화 정책으로 대표되는 초이 노믹스가 경제를 주도하였다. J노믹스로 대표되는 문재인 정부의 경제 정책은 전 정부의 경제 정책을 180도 뒤집는 것으로 해석해볼 수 있다. 그러니까 문재인 정부의 부동산 정책도 달라진 정부의 경제운용에 의해 추진되는 것이다.

문재인 정부 출범 후 수출경기의 호전으로 원화 강세 국면이 지속되고 있으며 시장금리도 안정적인 흐름을 보이고 있다. 다만 이해 주체 간에 심각한 대립구도로 혼란의 시장이 연출되는 곳이 부동산시장이다.

때로는 이해가 되지 않는 부분이 있다. 대한민국 부동산시장에서 강남이 상징하는 의미가 제 아무리 크다 해도 전국적으로 따지면 좁은 지역에 불과하다. 그러나 정부는 강남의 다주택보유자, 재건축단지들을 겨냥한 부동산 대책을 매일 내놓고 있다.

정부의 강력한 부동산 규제 정책이 시장과 궁합이 맞아 정부의 의도대로 진행되면 얼마나 좋겠는가. 그런데 정부의 부동산 정책은 강남을 제외한 서울의 강북 지역까지 얼어붙게 만들었고, 지방권의 부동산은 이미 거래절벽에 가격마저 하락하고 있다. 이리하여 수도권과 비 수도권과의 양극화 현상은 더 심각해져만 간다. 정부도 이러한 상황들을 잘 알고 있을 텐데, 왜 정책의 방향을 수정하지 못하는 것일까?

문재인 정부 집권 1년 동안 크고 작은 부동산 정책이 10여 차례 있었다. 문재인 정부의 부동산 정책은 규제 정책으로, 폭등하는 주택 가격을 막고 주거복지 로드맵 정책을 통해 정부가 공급물량을 늘림으로써 서민들의 주거복지를 향상시키는 것에 초점을 맞추고 있다.

문재인 정부의 경제 정책은 대기업 중심의 경제 성장에 무게를 두는 혁신경제 성장으로 중심축을 이동시키는 것처럼 보이지만 이는 시장의 비난을 의식한 일종의 페이크전략으로 보인다. 결국 문재인 정부가 그리는 큰 그림은 소득주도 성장 정책에 있다고 보여진다. 즉, 소득주도 성장이라는 큰 그림 안에서 정부의 각종 경제 정책이 추진되고 있다고 보는 것이 정확하다. 문재인 정부가 경제 정책에 대한 확고한 신념이 없다면 이토록 자주 부동산 대책을 내놓을 리가 없다.

소득주도 성장 정책은 개인의 가처분소득을 늘려 소비와 지출을 늘림으로써 내수경기를 활성화시키고 이것을 바탕으로 지속 가능한 성장을 이루겠다는 것이다.

우리는 전 정부들이 낙수 효과를 노린다고 수출대기업에 절대적으로 유리한 고환율, 법인세 감면 정책을 실행함으로써 대기업들이 생산한 제품에 날개를 달아주었던 것을 아직도 생생히 기억하고 있다. 그러나 기대했던 낙수 효과는 없고 고환율 정책으로 말미암아 수입물가만 높아져 이것이 고스란히 서민들의 피해로 이어졌다. 이로 인해 일부 대기업들은 회사 창립 이래 최고의 영업이익을 얻게 되었고, 그들의 영업실적은 주가에 반영되어 해당 기업의 대주주들의 보유주식 가치만 높이는 결과를 보이게 되었다.

문재인 정부는 대기업 중심의 경제 성장이 기대했던 일자리를 늘리지도 못하고 계층 간 부의 양극화만 심화시켰다는 것을 이때 깨닫게 된다. 한국경제는 거시경제지표상으로는 분명히 성장하고 있지만, 성장의 질은 오히려 후퇴하는 결과만 낳게 된 것이다. 이에 따라서 서민들의 삶은 더 힘들어졌고, 국민소득이 3만 달러를 넘어섰다고 하지만 이를 실감하는 국민은 많지 않다.

2017년의 수출경기 호조도 전체 수출에서 단일 품목인 반도체가 17퍼센트에 이르는 등 일부 IT 업종이 주도했던 것이다. 오히려 중소기업들은 수출호조에 의한 원화의 강세로 수출경쟁력이 약화되어 더 어려운 처지에 놓여 있다.

문재인 정부는 전 정부들의 정책을 반면교사로 삼아 서민의 등골을 빼먹고 경제의 양극화만 심화시키는 대기업 중심의 성장 정책에 일정한 선을 긋고 있다. 문재인 정부는 일부 대기업에만 의존하는 경제 정책에 문제를 제기하고 개인의 임금소득을 늘려 내수시장의 수요를 창출함으로써 경제를 균형 있게 끌어간다는 소득주도 성장에 경제 정책의 무게를 두고 있다. 이 연장선에서 부동산시장의 흐름을 지켜볼 필요가 있다.

결론적으로 문재인 정부가 이토록 부동산 규제 정책에 올인하는 것은 문재인 정부의 경제목표가 서민들의 주거안정과 소득분배에 절대적으로 기초하고 있기 때문이다. 역사는 변증법적으로 진화한다는 말이 있다. 즉, 문재인 정부의 경제 정책은 전 정부들의 안티테제Anti-these 개념에서 설계되고 추진되는 것이다.

그러나 지난 시간들을 돌이켜보면 정부가 시장의 소리에 귀 기울이지 않고 자신들의 신념만 내세워 시장을 강제적으로 끌어갈 때 시장은 역 반응한다는 것을 볼 수 있다. 참여정부 당시, 집권 2년 차부터 임기 만료 시까지 17차례에 걸쳐 부동산 대책을 내놨지만 부동산 가격이 잡힌 것은 세계적 금융위기가 닥친 2008년 이후다.

정부는 불로소득을 노리고 부동산에 투자하는 다주택자들을 겨냥해 부동산 대책을 내놓는다고 한다. 고가의 주택을 여러 채 보유한 진짜 다주택자도 있지만, 실제론 저금리로 인해 노후를 월세에 기대어 살기 위해 서민주택을 임대용으로 구입해 투자한 사람이 더 많다. 국세청의 전산망이 진짜 다주택자와 생계형 다주택자들의 경계 지점을 확실하게 구별할 수 없다면 지나친 규제 정책에 멍드는 것은 월세로 노후생활을 하고 있는 노년층뿐이다.

현재 한국은행의 기준금리는 1.5퍼센트이다. 한국은행의 기준금리는 은행이 한국은행에 수탁하고 있는 채권을 담보도 발행되는 RP(환매 조건부 채권) 7일을 기준으로 하기 때문에 한국은행의 기준금리는 은행의 예금금리 결정에 절대적인 영향을 미친다. 따라서 현재 은행예금의 세금공제 후 금리는 1퍼센트대에 머물고 있다. 반면 임대부동산의 수익률은 은행예금이자의 10배 수준이다. 만약 이 글을 읽는 독자라면 어느 선택을 할 것인가. 여건이 허락된다면 누구나 임대부동산에 투자할 것이다. 노후생계비를 자신의 힘으로 해결해야 하는 사람은 더욱 그러할 것이다. 그래서 현재 대한민국 사업자 중에서 임대사업자가 가장 많은 것이고, 신규로 사업자를 내는 사람의 비중도 가장 높다. 이런 생계형 부동산 임대 사업마저 국제 정책으로 일관하는 것은 정부가 근본적인 경제구조를 개혁하는 문제는 외면하고 어쩌면 손쉬운 임기응변식 대응으로 일관한다는 비난에 직면할 수 있다.

003

정부의 규제 정책은 언제 멈출까?

정부가 부동산 규제 정책이라는 완력을 써서 의도하는 정책의 효과를 거두기에는 한계가 분명히 있다. 또 정부의 정책 때문에 의도하지 않게 발생하는 풍선 효과도 무시할 수는 없다. 정부가 강남의 재건축단지를 겨냥한 규제책을 내놓아 강남을 찍어 누르자 이것의 반사효과로 서울의 새로운 핵심 개발 축으로 떠오르고 있는 마포·용산·한남지구 등이 이것을 이어받았다고 한다.

서울의 재건축단지가 강남의 주요 재건축단지로 평가되는 반포지구를 포함한 11곳만 있는 것이 아니다. 강북의 도시재생이 활발하게 진행되는 지역의 재건축·재개발단지의 빌라와 연립 등의 서민주택은 매물이 없어서 거래가 이뤄지지 않을 정도로 투자 붐이 일고 있다. 이것이 장기적으로 이어질지는 장담할 수 없으나 정부가 오르는 부동산을 막을 수는 없다고 보여진다.

최근에 부동산시장을 보는 시각에는 두 가지 방향이 있는 것 같다. 정부의 규제 정책으로 부동산시장은 냉각될 것으로 보는 시각과 정부의 규제 정책에도 불구하고 부동산 강세는 계속될 것이라는 시각이다. 이 두 가지 방향에 대해서 언론도 헷갈려 하는 것 같다. 대부분의 논조가 그러하다. 필자도 개인적으로는 저금리라는 것을 빼면 부동산이 급등할 이유가 없다고 생각하고 있다. 핵심 지역, 미래가치에 비해서 아직 잠재가치가 낮게 평가되는 곳은 정부의 정책과 무관하게 오르겠지만, 이미 비 수도권 부동산시장은 저금리라는 호재가 살아있어도 침체돼 있는 것이 사실이다. 입주물량도 부동산 가격을 받쳐주기에는 너무 많다. 부동산을 다루는 재테크 책에서 비관적으로 기술하는 것은 필자 입장에서도 부담이 된다. 그럼에도 불구하고 부동산시장은 전반적으로 조정 국면으로 접어든 것이 확실시되어 보인다. 지방권이라고 해도 원도심 도시재생산업이 활발한 지역은 호재의 탄력성으로 그나마 경제적 가치를 담보할 것이다.

부동산의 미래를 말하기 전에 미래에 되는 부동산과 안 되는 부동산을 구분해 설명할 필요가 있다. 긍정론자들은 부동산이 계속 오를 것이라고 자신의 기대가 섞인 말들을 한다. 이 말에 장기적이라는 단어를 추가한다면 필자도 이 말에 동의할 수 있다. 그러나 단기적으로는 서울·수도권의 핵심권역을 제외하고는 조정 국면을 피할 수 없을 것이다. 다만 서울·수도권에서 활발히 진행되는 도시재생산업이 다른 부동산 투자자들에게까지 영향을 미쳐 가수요를 불러온다면 상승세가 이어질 수도 있을 것이다. 그러나 현재는 아무리 저금리 국면이 계속된다고 해도 투자자의 유동성의 고리를 끊어놓는 대출 규제 정책 때문에 예전에 비하면 레버리지 투자의 효과는 크게 반감될 것이다.

정부가 할 수 있는 부동산 규제 정책 카드는 이미 다 나왔다. 이제는 정부의 규제 정책 때문에 부동산시장이 위축되는 것이 아니라, 인구의 변화를 반영한 사회적 현상으로 인한 부동산시장의 구조조정에 의해서 부동산시장이 변화한다고 생각하고 장기적 관점에서 부동산을 바라봐야 한다.

한 예로 학령인구의 감소로 인한 대학 구조조정이 빠르게 진행되면서 지방 대학 캠퍼스 중에서 구조조정이나 폐교가 예상되는 대학가의 원룸촌은 임대가 하락, 공실율 증가라는 현실 앞에 경제성이 크게 위축될 것이다.

부동산시장에서 지역적 호재라는 것은 다 만들기 나름이다. 이를 객관화시켜 분석할 수 있는 투자자가 얼마나 되겠는가?

2017년 지방권 핫 플레이스 지역으로 떠오른 세종시도 아파트는 입주해 있는데 상가 분양률과 입주율이 저조해 도시의 자생기능에 대한 불신이 확산되면서 이대로 가다간 전형적인 베드타운으로 전락하는 것이 아니냐는 부정적 여론이 거세다.

필자가 너무 단순하게 생각하는 것인지 모르겠으나 2013년 이후 불어 닥친 부동산 상승 국면은 전 정부의 부동산 규제 완화 정책에 힘입은 것도 있지만, 진정한 부동산시장의 호재는 한국경제가 처음으로 경험한 장기간의 저금리 흐름 때문이었다고 생각한다. 그러니 돈 없는 사람들마저 저금리 흐름을 이용해 대출을 받아 부동산에 투자한 것 아니겠는가. 대출이 벽에 막히면서 생계형 부동산 투자자는 거의 철수하고, 진짜 현금 부자들만 남을 것이다. 그렇기에 고가매물 위주로 부동산 가격이 움직이는 것이다. 정부는 서민들의 주거안정을 위해 부동산 규제 정책을 펼쳤다고 하지만 결과적으로는 부동산 부자들만을 위한 부동산 정책이 되어버린 꼴이다.

어느 정부나 집권 초기의 경제 정책은 후보자의 대선 캠프에 참여했던 사람들 중 전 정부와 반하는 생각을 가졌던 사람들이 경제 정책의 주도권을 잡기 마련이다. 그런데 이들의 정책은 곧 시장의 저항에 부딪친다. 이때 구원투수로 등장하는 세력들이 역시나 관료 출신들이다. 문재인 정부에서도 이 같은 일이 반복되고 있다. 우리 국민들은 이러한 문법에 너무나 익숙해 있다. 이 부분을 눈여겨보고 향후 정부의 부동산 정책을 지켜볼 일이다.

문재인 집권 초기부터 부동산 문제를 두고 힘겨루기 양상으로까지 비춰졌던 장하성과 김수현을 중심으로 한 소득주도파와 김동연 부총리를 중심으로 하는 혁신성장파 간의 싸움은 김동연 쪽으로 공이 넘어간 것으로 보인다. 이제는 숨 고르기 과정을 거치는 중이다.

문재인 대통령도 최근 들어 자주 경제 성장에 무게 중심을 두는 발언을 하고 있다. 정통 관료 출신의 김동연 부총리가 주도하는 부동산 정책 역시 이 흐름의 연장선에서 추진될 것으로 예상된다. 즉, 정부 출범 후의 강력한 부동산 정책의 칼날은 무뎌지고 시장친화적인 정책으로 회귀할 것으로 예상해볼 수 있다.

결론적으로 부동산이 실물경제에 큰 악재로 작용하지 않는 한, 더 이상 정부가 강력한 부동산 정책과 보유세 할증 인상에 나서지 않을 것이라고 판단해볼 수 있다.

집권 초기부터 일자리 늘리기와 경제 살리기에 올인하겠다고 한 문제인 정부는 그들이 말한 그대로 본연의 임무에 돌아가 부동산시장에 충격을 주는 과격한 정책은 피할 것이다.

우리는 근대 역사를 통해 정치적 해법으로 실물경제를 대해서는 안 된다는 것을 배웠다. 하나의 정책을 실시하는 것만으로도 너무나 많은 국민들의 이해관계가 얽혀 있기 때문에, 정책을 일부 정치세력이 해우소 차원에서 자신들의 신념만으로 강제로 해결해서는 정말 큰 사단이 난다.

우리나라는 이미 정부가 시장에 개입해서 교통정리를 하던 독재정권 시절이 아니다. 투기세력이 존재한다면 이를 정부가 실행할 수 있는 기능적 부분을 동원해서 해결하면 되는 것이지, 이를 독립 선언하는 것처럼 언론을 통해 선전포고하듯이 하면 안 된다. 이번에 실시한 은행권 대출 규제 강화만으로도 부동산시장이 얼마나 위축되었는가. 소리 소문 없이 조용히 정책을 정부의 의도대로 집행하는 것도 능력이다.

부동산시장이 정치권으로부터 수혈 받은 자들의 이념이나 신념에 의해서 좌지우지된다면 이는 필시 시장을 붕괴시키는 결과로 이어진다는 사실을 명심해야 한다. 경제는 경제전문가에게 맡겨두면 되는 것이다. 집권 초기에 존재감이 없었던 김동연 부총리의 목소리가 커진 것은 부동산시장의 미래를 위해서도 다행스런 일이다.

글의 서두에 밝혔듯이 투자에는 영원한 것은 없다. 그래서 투자 상품은 유기체라고 말하는 것이다. 현재 부동산시장의 미래를 두고서 많이들 혼란스러울 것이다. 이 부분에 대해서 드러난 사실을 중심으로 몇 가지 팁을 전하고 싶다.

첫째, 금리는 오른다. 그렇다고 2008년의 8퍼센트대로의 회귀는 불가능하다. 만약 오른다고 해도 1퍼센트 내외가 될 것이다. 그러니 금리 인상이라는 말에 너무 겁먹지 말기 바란다. 앞으로 금리는 꾸준히 상승할 것이다. 그러나 그 폭은 투자에 영향을 미칠 정도는 아니니 지금 당장 당신의 포트폴리오를 바꾸지 말기 바란다.

둘째, 재건축시장은 끝나지 않았다. 필자는 개인적으로 정부가 강남의 재건축단지에 대해서 자꾸 태클을 거는 것은, 역으로 생각할 때 재건축 아파트가 돈이 되기에 그렇다고 생각한다. 강남 재건축 아파트가 상장하는 의미가 너무 커서 그렇지 강남 이외에도 재건축이 추진되는 단지가 많다.

우선적으로 도시재생 사업이 활발하게 추진되고 있는 수도권 구도심, 1기 신도시 등이 있다. 재건축 아파트에 투자를 원하는 사람들은 길게 보고 수도권 구도심, 1기 신도시의 대지지분이 높은 저층 아파트단지들을 투자 대상으로 모색해보기 바란다.

셋째, 수익성 부동산은 인구절벽 현상, 내수경기의 침체, 신규 분양상가의 높은 분양가로 전반적인 수익률의 저하가 예상되는 반면에, 같은 수익성 부동산의 카테고리에 들어가지만 독신가구를 대상으로 하는 임대주택은 인구절벽 현상에도 불구하고 독신가구의 급증으로 수익성이 지속되고 있다. 다가구 주택, 고시원, 쉐어하우스, 오피스텔 등 다양한 형태의 임대주택이 존재하고 투자 상품별로 투자금도 각기 달라 소액을 가지고도 얼마든지 투자 가능하다는 점에서 독신, 월급쟁이의 재테크 수단으로 최고다.

필자는 부동산의 범위는 매우 넓고 다양하다고 생각한다. 그리고 부동산 상품에 따라 투자자의 니즈도 각각 다르다. 그러기에 부동산 상품의 일부만 가지고서 부동산이 오르네 떨어지네 하는 말들은 무가치하다고 보고 있다.

따라서 모든 부동산을 통 틀어서 부동산시장을 평가하기보다 지금의 경제 흐름에서 돈이 되는 부동산과 그렇지 못한 부동산을 구분하여 돈이 되는 부동산에 투자를 집중하는 것이 지혜로운 일이다.

004

임대수익률의 역설, 생각과 듣기의 차이

부동산시장에 악재가 몰려오고 있다. 우선 입주물량의 증가를 들 수 있겠다. 2018년에는 노태우 정부 시절의 200만 호 주택 건설 이후 최대 규모라는 44만 가구에 이르는 입주물량이 기다리고 있고, 새로운 대출 규제 정책인 신 DTI가 실행되고 있다.

더불어 정부가 발표한 임대주택 활성화 방안에 따르면 주택임대사업자로 등록하지 않고 임대 사업을 하는 경우, 조정 대상 지역부터 양도세율이 10퍼센트, 3주택 이상 보유자의 경우는 20퍼센트의 가산세가 부과되고 있다. 양도세 기본세율이 6퍼센트에서 40퍼센트임을 감안하면 3주택 이상자의 경우 최고 60퍼센트까지 양도세율이 적용되는 셈이다.

금리는 오르고 유동성의 고리를 끊는 대출 규제 정책의 시행, 여기에 양도세 인상과 공급량 증가는 부동산시장의 악재임이 분명하다.

전국의 총 주택 수는 1,988만 가구로, 이중에서 미등록 임대주택은 516만 가구, 등록임대주택은 79만 가구뿐이다. 정부는 정부의 통제를 받는 임대주택을 통해 임차인을 보호한다라는 명분을 내세우고 있지만 이 정도의 정책으로는 임대인, 임차인 어느 누구도 만족하는 정책이 아닐 것이다.

1980년대까지 IT 산업을 주도하던 대기업들은 시장에서의 독점적 지위를 이용하여, 자신들만의 생각으로 자신들에게 유리한 플랫폼을 만들고 소비자들에게 자신들이 생산한 제품들을 구매할 것을 강요했다. 즉 자신들의 생각으로 시장의 수요자들을 가르치려 했던 것이다. 이것이 가능했던 것은 수요가 공급을 앞질렀기 때문이다.

그러나 세상은 변했다. 지수함수적으로 변하는 세상에서는 시장 수요자의 니즈를 잘 파악하고 시장의 수요자들에게 대응하는 혁신적인 기업이 등장하면서 그들은 시장에서의 독점적 지위를 내려놓게 된 것이다.

대량생산과 대량소비로 이어지는 현재의 경제 생태계에서는 과거의 경험요소인 가격과 품질의 우위만으로는 소비자의 마음을 사로잡을 수가 없다. 대량생산, 대량소비의 시대에서는 가격과 품질은 더 이상 차별적인 요소가 아니다.

대부분의 기업들이 생산하는 제품과 가격에는 차이가 나지 않는다. 가격, 품질을 제외하고 소비자의 니즈를 잡을 수 있는 것은 무엇인가. 눈에는 보이지 않지만 소비자의 마음을 흔들 수 있는 마케팅 전략이 그래서 필요해진 것이다.

이러한 시장의 요구가 학문에까지 투영되었다. CRM, 즉 고객관계관리다. 이전에도 고객관리라는 것이 없었던 것은 아니었건만 왜 CRM이 고객관리의 핵심전략으로 자리잡았을까?

돈이 없어도 투자할 수 있는 것이 임대주택 중에서 소형의 저가 오피스텔이다. 이는 오피스텔이 투자 상품으로서 절대적 가치가 있어서만은 아니다. 다만 현재의 금융시장 흐름에서는 은행예금과 비교해 상대적으로 수익성과 안정성에서 우위에 있기 때문이다.

필자는 투자 상품의 가치에 있어서 절대성은 없다고 믿는 사람이다. 현재의 경제적 흐름에서는 상대적 우위만 존재한다. 지금 시장금리가 과거처럼 고금리 시대이면 모를까, 임대주택 이상의 안정성과 수익성을 담보하고 있는 투자 상품은 없다고 여겨진다.

임대주택 시장에도 전체 부동산시장이 그런 것처럼 불황의 파고가 높다. 2017년 기준으로 오피스텔의 입주물량은 7만 2,000가구로, 2004년 9만 2,000가구 다음으로 크게 늘면서 수익률이 하락했다고 한다. 공급물량 증가로 강남 소재의 오피스텔은 수익률 5퍼센트 선이 무너져 4.89퍼센트로 떨어졌다.

현재 지방권 중에서 공급물량이 절대적으로 적었던 진주, 포항, 제주, 통영, 속초 등에서 오피스텔 임대수익률이 높은 지역들은 수익률이 10퍼센트를 넘는다고 한다. 오피스텔 투자는 역세권에서 멀어질수록, 매매가가 낮을수록 임대수익률이 높아진다. 그러니까 시세차익만 보고 오피스텔에 투자하는 경우 아파트와는 수익률의 역설이 존재하는 것이다.

그런데 필자가 이 글을 쓰는 이유는 표면적으로 드러난 임대수익률의 역설을 말하기 위함이 아니다. 필자는 특별히 부동산 투자를 긍정적으로 생각하고 있지 않다. 다만 임대주택시장은 시장 규모에 비해 고객관계의 중요성울 말하는 CRM의 개념이 다른 사업영역에 비해 정착되지 않았다는 것에 있다. 따라서 임대인이 갑의 위치에서 내려와 임차인이 무엇을 원하는지를 잘 듣고 이에 대응한다면 투자이익을 늘릴 기회가 많다고 생각한다.

공급물량이 증가했다고 임대주택시장이 날아가는 것이 아니다. 시장이 어려울수록 임차인의 니즈에 귀 기울이는 사람은 언제든지 수익률을 확장시킬 수가 있다.

임대주택은 지역에 따라 수익률의 역설이 존재하는 부동산이다. 투자금 이적은 변두리 외곽으로 나갈수록 수익률이 높아진다. 따라서 아파트의 가치로만 따져서는 강남이 최고겠지만 임대주택은 수도권 외곽 시흥시 정왕동, 안산시 고잔지구 등의 대규모 저가 오피스텔단지들이 강남의 고급 오피스텔보다 투자금 대비 수익률이 2배가 높다.

부자 월급쟁이는 은행에 가지 않는다고 한다. 그렇다면 그들은 어디에 투자하길래 부자 월급쟁이가 될 수 있었을까. 바로 돈이 생기면 수도권, 지방의 저가 오피스텔에 투자했기 때문에 그들은 월세로 매월 2번의 월급을 받아서 부자 월급쟁이가 된 것이다. 독자 여러분도 참고하시기 바란다.

005

부동산 투자 아는 것만큼 보인다

필자는 어떤 일이라도 1만 시간을 쏟으면 해당 분야의 전문가가 된다는 1만 시간의 법칙을 믿고 있다. 꼭 1만 시간이 아니더라도 해당 분야에 관심을 갖고 시간을 투자하다 보면 당연히 그전에는 몰랐던 사실을 알게 되고 해당 분야의 지식이 크게 는다.

부동산시장에 큰 이슈가 있으면 방송사는 부동산 분야의 명망가들을 불러 토론을 한다. 그러나 필자는 그들이 이야기하는 것보다 현장에서 일하는 실무자들의 이야기를 귀담아듣는다. 그들은 항상 현장에 있기 때문에 모든 사안에 대해서 관심을 갖고 지식과 정보를 찾는 일을 게을리하지 않는다. 왜냐하면 그들의 고객은 현장을 보고 바로 묻기 때문에 공부하지 않으면 그들의 질문에 답을 할 수가 없기 때문이다.

우리가 갤러리에 가서 피카소의 게르니카 명화를 본다고 가정해보자. 만약 이 그림의 배경을 모른 채 그림을 본다면 그 그림은 단지 선과 면이 만나는 그저 그런 추상화에 지나지 않게 느껴질 것이 분명하다. 그러나 이 그림이 파시즘체제인 프랑크 독재정권 시절에 스페인 중앙정부에 의해서 저질러진 소수민족 바스크 분리 독립 세력을 무참하게 공격하는 과정을 그림으로 재연한 것이라는 것을 알고 그림을 감상한다면 무심코 지나쳤던 그림의 선 하나하나가 새로운 의미로 다가 올 것이다.

부동산 투자도 그러하다. 투자정보를 한 귀로 흘려 듣고 주마간산식으로 부동산을 보면 어느 것이 경제성이 있는지 알 수가 없다. 그러나 시간을 들여 샅샅이 조사하다 보면 보이지 않던 것이 눈에 들어오고, 남들이 보지 못하는 킬러 정보를 얻을 수 있게 된다. 비전문가와 전문가의 차이는 같은 물건을 보더라도 그 가치를 보는 눈의 차이에서 오는 것이다.

우리가 사는 세상이 결코 만족스럽지는 않지만, 그래도 우리 사회는 제도적으로 진보해왔다고 할 수 있다. 고고학자들이 눈으로 뒤덮인 알프스산 정상의 빙하 속에서 구석기 시대의 유골들을 찾아내 유전자검사를 해봤더니 대부분 전쟁으로 인한 상처 때문에 죽었다고 한다. 인류역사상 가장 참혹했던 전쟁으로 평가되는 세계 2차 대전 당시보다 인구 대비해서 구석기 시대의 인류가 더 많은 전쟁으로 사람들이 죽었다고 한다.

우리나라 부동산시장도 그 연장선에 있었던 것은 아닐까? 은행권의 부동산 감정서 조작, 부풀어진 대출가능금액, 이 과정에서 발생했던 불법적인 리베이트 문제 등은 과거에 일반적으로 벌어졌던 관행이다. 그러나 지금은 이렇게 했다가는 큰일 난다. 부동산시장의 전반적인 시스템도 분명히 좋아진 것은 사실이다. 시장이 과거보다 투명해지니 초보자도 얼마든지 경매시장에 참여해 전문가 수준의 투자를 할 수 있는 것이다.

그러나 예전과 변함없는 것은 부동산에 투자하는 사람들이 시장의 흐름에는 큰 관심이 없다는 것이고 들으려고도 하지 않는다는 것이다. 부동산 투자에서 진화된 인간의 모습이라는 것은 어떤 모습일까? 부동산시장을 들러 싸고 있는 외부환경을, 그것이 부정적이든 긍정적 시그널이든 간에 이것을 받아들이고, 앞으로의 투자방향을 데이터 중심으로 과학화하는 것이다. 그리고 부동산과 금융이라는 것은 흡사 물고기와 물의 관계처럼 하나의 고리로 이어졌다는 사실을 명심해야 한다.

필자는 만약 지금의 상황에서 대출금리가 3퍼센트만 올라도 부동산시장이 파국을 맞을 것이라는 것에 동의한다.

부동산은 소액으로 투자하기가 어렵다. 따라서 목돈을 모을 때까지는 전술적으로 금융을 활용해야 한다. 그래서 금융 투자에 결정적인 영향을 미치는 기준금리 동향을 월초마다 체크하고 실시간으로 변하는 증권시장 내에서의 시장금리 동향에 관심을 가져야 한다. 금융을 이해한다는 것은 그 기초가 되는 금리를 이해하는 것으로부터 시작된다.

우리가 일반적으로 금리가 올랐네, 떨어졌네 하고 표현하는 것은 금리라는 것이 살아있는 생물체로 경제 환경의 변화에서 오르고 떨어지기를 무한 반복하기 때문에 그렇다. 그래서 보통 증권시장에서 실시간으로 변동되는 금리를 가지고 시장금리라고 하는 것이다. 따라서 금리가 올랐네, 떨어졌네 하는 것은 시장금리를 두고 하는 말이다. 그렇다면 시장금리와 기준금리는 어떻게 다를까?

기준금리는 한국은행이 주관하는 금융통화위원회에서 매월 초에 발표하는 금리로 정책금리라고 할 수 있다. 기준금리는 은행의 지급준비율을 위해 한국은행에 예치하는 RP(환매조건부채권) 7일물을 기준으로 해서 정하기 때문에, 기준금리 인상은 즉각적으로 은행의 일체 여수신상품의 금리에 반영되는 특성을 가지고 있다. 금융위기 이후 선진국에 의해서 주도되고 있는 환율전쟁은 통화 정책을 통해 자국의 화폐 가치를 낮춰 내수경기를 활성화시키고, 자국 상품의 수출경쟁력을 높이는 수단으로 이용되고 있다.

그런데 이 환율전쟁을 강대국들이 주도한다는 것이 문제가 된다. 자본의 경계가 사라진 시장에서는 일국의 개별 기업이 생산하는 상품의 가격경쟁력이라는 것은 환율, 법인세 등 간접비용이 비교우위 요소로 작용한다.

이명박 정부는 낙수 효과를 노리고 고 환율과 법인세 실질 감면 혜택을 대기업에 집중해 그들의 생산제품의 국제 경쟁력을 30퍼센트 이상 높여왔다. 그 결과 대기업이 사상최고액의 영업이익을 올렸다. 그렇기에 그들은 고용을 창출하고, 개발비용을 늘렸어야 했지만 그러지 않았다. 당초 기대했던 낙수 효과는 없었고, 고 환율 정책의 피해는 고스란히 국민들의 몫이 됐다. 아무튼 주요 강대국이 자국경제를 살리겠다고 환율의 인위적인 조작, 마이너스금리 정책을 운용하는 것은 다른 국가들의 피해를 전제로 한다는 측면에서 비난 받아 마땅하다.

시장금리의 기준은 기업이 발행하는 우량 회사채에서, 현재는 국가가 발행하는 농지채권, 국민주택기금채권, 외국 환 평형 기금채권 등을 종합 관리하는 국고채 3년물로 시장금리의 기준점이 바뀌었다. 시장금리의 기준이 바뀐 것은 국고채 3년물의 발행이 반복되는 경향이 있고, 발행이 용이하면서 표준화, 전산화하는 과정에서 비용이 적게 들기 때문이다. 따라서 현재 금리가 변하는 기준점은 바로 국고채 3년물을 두고 하는 말이다.

시장금리가 오른다면 어떤 현상이 벌어질까? 선행지표인 시장금리가 오른다면 기준금리를 올리지 않을 수가 없다. 따라서 부동산에 투자를 잘하기 위해서라도 시장금리 흐름을 매일 확인하는 작업은 중요하다고 말할 수가 있다.

필자는 부동산 투자를 잘하기 위해서라도 경제 흐름에 관심을 갖고 공부하라고 말한다. 부동산이라는 것도 거시경제지표의 종속되어 가격이 움직이는 것임으로 경제 흐름을 모르고서는 완벽한 부동산 투자를 할 수가 없다고 생각하기 때문이다. 부동산시장이 크게 변동될 정도의 변화는 거의 다가 경제 흐름의 변화에서 오는 것이었음을 잊지 말기 바란다.

투자의 세계에서 위기라는 말의 또 다른 버전은 기회라는 말이다. 따지고 보면 위기라는 단어는 위험과 기회라는 말을 동시에 표현하는 말이다. 그래서 위기에 큰 부자가 나온다는 말이 생겨난 것이다. 금융위기가 발생됐다고 가정해보자. 어떤 현상이 벌어지겠는가. 국가는 외화 유출로 말미암아 재정위기에 봉착하고 금리는 치솟고 환율은 급증한다. 금융위기가 오면 잘 나가던 기업이 주가도 폭락하고 핵심권역의 부동산도 몰락한다.

이 시점에 공포에 떨지 않고 재평가된 주식, 부동산, 채권에 투자한 사람들은 일생에 한 번 찾아올까 말까 한 대박의 기회를 잡게 된다. IMF 외환위기, 서브 프라임 금융위기 당시 공포에 떨지 않고 가격이 폭락한, 우량 종목의 주식, 부동산, 우량 기업이 발행한 회사채에 투자한 사람은 모두 부자가 됐다. 반면 이 시기에 갖고 있던 우량 자산을 헐값에 손절매한 사람들은 모두가 거지가 됐다. 즉, 위기 상황에서 자신이 어떤 포지션을 취하느냐에 따라서 결과는 엄청나게 달라진다.

현재 부동산시장이 조정 국면으로 진입하면서 시장에 부정론이 팽배해지고 있다. 과연 당신은 이 시절에서 어떤 포지션을 취해야 하는지 심각하게 고민해보기 바란다.

006

인구절벽 시대의 인구의 비대칭에 주목해 투자한다

전체 인구 중에서 65세 이상의 인구가 15퍼센트 이상을 차지하고 있으면 고령화 사회로 진입했다고 보고 있다. 이 기준에 따르면 우리나라는 2018년부터 본격적인 고령화 사회로 진입 중이다. 인구절벽과 함께 고령화 사회로 진입하면서 부동산 지형이 요동치고 있다. 아직까지 서울을 중심으로 하는 수도권은 인구절벽 현상과는 무관하지만, 비 수도권의 지방권 중소도시는 인구절벽으로 인한 인구 절대 감소 현상이 현실화되고 있다. 인구절벽 현상은 시간이 지날수록 강도가 더 심해질 것이고 우리는 이에 대비할 필요성이 있다.

부동산시장에서 인구가 줄고 있는 사실 이상의 악재가 있을까? 우리나라의 인구는 매년 감소하고 있다. 2018년은 우리나라가 인구절벽 시대로 진입하는 첫해가 된다. 유아 출생률은 20년 전 보다 절반으로 줄어들었다고 한다. 취학인구의 감소로 빈 교실이 늘고 있고, 이는 최종적으로 대학 진학자 감소, 취업인구 감소로 이어진다. 취업인구가 감소한다는 것은 부동산시장의 잠재수요층이 감소한다는 것을 의미하며, 장기적으로 보면 부동산시장의 악재다. 사람들의 생각은 현재에만 머물러 있기 때문에 인구 감소 현상이 몰고 올 미래의 불황에 대비하지 못 하고 있다. 사람들은 불황이 현실이 되었을 때 비로서 위기를 피부로 느끼는 존재다.

일본의 길고 긴 경제불황의 암흑 터널이 시작된 근본 원인은 바로 인구절벽이다. 일본은 1996년부터 인구가 줄기 시작했고, 우리나라도 2018년 이후부터 인구 감소에 의한 인구절벽의 시대로 진입하고 있다. 인구 감소로 청년인구가 감소하면 과연 어떤 현상이 벌어질 것인가? 우선적으로 생각나는 것이 청년층이 자주 가는 커피숍, 술집, 유흥, 오락 등의 점포들이 점차 사라지게 될 것이다. 동네상권에 은퇴자들의 편의점, 커피숍 등의 창업 행렬은 끊임없이 증가하고 있지만 장사가 되는 곳은 청년 유동인구가 증가하는 수도권의 역세권에 한정될 뿐, 거의 대부분의 지역에서는 창업이 느는 만큼 그 이상의 점포가 사라지고 있다.

지방도시는 밤이 짧다. 그런데 인적도 없는 그곳에서 밤에도 네온사인을 환하게 밝히고 있는 곳은 편의점 간판뿐이다. 지방도시 어디를 가나 인적도 없는 곳에 편의점만 24시간 불을 밝히고 있다. 모두가 이렇게 유동인구가 줄어드는 곳에 점포를 차리면 안 되는 줄 알 것이다. 알면서도 하는 것이다. 할 수 있는 것이 그것 밖에는 없으니까. 아무것도 안 하는 것보다는 낫다고 생각하기 때문에 하는 것이다.

이처럼 인구 감소 현상이 내수경제에 미치는 영향이 엄청난 것임에도 불구하고 정부는 인구절벽을 해결하려는 어떤 의지도 정책도 없는 것이 현실이다.

한국경제는 해방 후부터 60년간 성장만 해왔다. 그러나 이제는 인구절벽으로 인해 그 흐름을 계속 이어 나갈 수가 없게 됐다.

인구절벽으로 인한 일본의 잃어버린 20년의 결과는 매우 심각하다. 인구 증가, 경제 성장으로 급격하게 지어진 신도시의 상당수가 유령도시처럼 변했다. 대규모단지들의 거주인구가 크게 줄어들면서, 아파트관리비마저 못 내는 처지에 있는 가구 수가 증가해 엘리베이터마저 가동이 중단되는 결과까지 생기고 있다.

우리나라도 인구절벽으로 중소도시의 인구는 매년 감소하고 있다. 인구의 비대칭성 현상까지 겹쳐 우리나라의 부동산시장의 양극화는 깊어만 간다.

인구절벽 시대로 진입하면서 일본의 1억 명 중산층 시대는 마감되고, 중산층의 상당수가 빈곤층으로 전락하면서 사회의 안전망마저 크게 흔들리는 결과를 초래한 것이 인구절벽으로 인한 일본의 현재 모습이다.

극우정권인 아베 정권이 소위 아베노믹스로 표현하는 국가 주도형 경제로 전환하면서 서서히 일본경제가 기지개를 펴는 모습을 보이고는 있지만, 이것이 연속성을 가질 것인지 일시적 흐름으로 끝날 것인지는 아직 장담할 수가 없는 상황이다.

현재 우리나라는 인구절벽 현상에도 불구하고 인구의 지역 간 비대칭성으로 인해 사람들이 서울과 수도권으로만 몰리고 있다. 이러니 부동산은 이제 끝났다고 하는 순간에도 수익성 부동산, 그중에서 특히 임대회전율에 있어서 최고치를 기록 중인 서울 수도권의 임대주택시장으로 돈이 몰리고 있는 것이다.

그렇다. 우리나라는 인구절벽 현상에도 불구하고 지역 간 인구비대칭성의 현상이 증폭되면서 수도권과 비 수도권 간의 양극화 현상은 도를 지나칠 정도로 확대되고 있는 것이다.

전국적으로 중소도시의 인구는 감소하고 있는 반면에 여전히 수도권으로는 인구가 유입 중에 있다. 과거에 노무현 정부는 국토균형개발이라는 계획에 매달려 전국 곳곳에 혁신도시, 기업도시를 건설하고 서울에 몰려 있는 공공기관을 지방에 분산시키는 정책을 썼지만, 부동산시장의 수도권 집중 현상은 변하지 않고 있다.

대한민국은 2018년 이후 인구절벽 사회로 진입하였다. 그러나 인구절벽 사회에 대해 언론에서 흘러나오는 이야기만 듣고 인구절벽으로 인해 부동산시장이 마치 침몰이라도 하는 것 마냥 미리 겁먹을 필요는 없다. 우리나라는 인구절벽이라는 현실 속에서도 부동산시장의 양극화 현상으로 인해 지역 간 불균형이 매우 심각한 수준에 있기 때문이다.

시장의 주류여론에 휘말리지 말고 자신의 투자 방향을 지키는 것이 중요하다. 그래도 투자 방향을 못 찾겠다면 시장의 소리를 들어라. 그러면 답이 보일 것이다. 인구절벽 현상에 숨어 있는 이면을 잘 읽고 투자해야 한다. 언론에서 인구절벽으로 인해 부동산시장은 이제 끝났다고 하는 이야기는 잘 모르고 하는 말이다.

우리나라 독신가구는 이제 4가구당 1가구일 정도로 급증하고 있다. 그러나 선진국의 독신가구 비율 40퍼센트와 비교한다면 아직 멀었다. 부동산시장에서 임대주택시장을 긍정적으로 평가하는 것은 그래도 독신가구는 증가한다는 사실에 기초한 것이다. 앞으로 금리는 크게 오르지 않는다. 은퇴자의 노후생활비 마련, 월급쟁이들의 가처분소득의 확장이라는 측면에서도 투자자는 임대주택에 대해 더 많은 관심을 가져야 한다.

필자의 관점에서 인구절벽 현상을 매우 심각하게 지켜보는 것은 인구절벽 현상의 자중에서도 수도권으로의 인구 집중은 더 가속화되고 있는 점이다. 이미 지방의 중소도시는 인구 감소로 절대적 위기를 맞고 있으나 수도권 신도시로의 인구 전입은 늘고 있다. 이 사람들이 다 어디서 왔겠는가.

미래에 대한민국 부동산시장은 인구절벽으로 인한 인구의 비대칭성으로 수도권과 지방권의 부동산 양극화는 점점 심화될 것이다. 필자는 일부 대도시의 핵심권역을 제외하면 "지방 부동산은 죽었고 앞으로도 그럴 것이다."라고 단언한다. 실거주가 목적이 아니라 투자를 위해 부동산을 사는 것이 목적이라면 하루속히 지방을 탈출해 수도권 부동산에 올인 하기를 바란다.

우리는 시대적 큰 변화의 흐름을 가리켜 '패러다임'으로 표현한다. 패러다임이 뜻하는 것이 무엇인가. 변화하지 않으면 죽는다는 것이다. 대한민국 부동산시장에도 패러다임이 찾아 왔다. 당신은 무엇을 어떻게 대응할 것인가. 답은 이미 나와 있다. 당신의 선택이 필요할 뿐이다.

0 0 7

입주물량의 증가, 그럼에도 부동산 투자

부동산 가격을 결정하는 요소는 많다. 시장금리와 대출금리의 인상, 외환시장의 동향, 이에 영향을 받은 유동성, 정부의 정책, 사회적 측면에서의 인구 이동 등. 그중에서도 단기적으로 가장 영향을 주는 것은 공급물량이 될 것이다.

지금까지 우리가 우려해 왔던 금리 인상의 문제는 매우 낮은 수준에서 금리가 인상됐고, 차후에 금리를 더 올린다고 해도 경제에 충격을 주지 않는 선에서 조금씩 인상할 것임으로 부동산시장에서는 이미 노출된 카드다. 금리 인상 문제보다 투자자들에게 더 와 닿는 것이 대출 규제 강화 정책으로, 투자에 활용할 수 있는 자금, 즉 유동성의 고리가 일부 끊기는 일이 될 것이다. 여기까지는 이미 다 드러난 것이기 때문에 이제는 새삼스러운 일이 아니다.

그러나 정부가 발표한 100만 호에 이르는 대규모 주택을 수도권 40곳에 건설하겠다는 발상은 시장에 큰 충격을 줄 것이다. 공급물량은 부동산, 특히 주택시장에서 가격을 결정할 때 다른 어떤 요소보다도 영향을 미치기 때문이다.

이 사업을 추진하는 데만 들어가는 돈이 119조 4,000억 원으로, 거의 120조 원에 이른다. 이는 국가 1년 예산의 4분의 1에 해당하는 돈이다. 주택을 짓는데 부족한 땅은 그린벨트를 풀어 해결한다고 한다.

이 무모한 계획이 과연 누구의 머리에서 나온 것인지 궁금하지 않을 수가 없다. 주택이 수도권에만 존재하는 것이 아니고 공공주택을 필요로 하는 사람들이 수도권에만 둥지를 틀고 사는 것도 아니다. 그럼에도 불구하고 정부가 나서서 수도권에서만 40여 곳에 이르는 택지를 개발하여 주택을 짓는다는 것은 국토의 균형 개발, 수도권 집중 현상 해소라는 측면에 위배되는 것이다.

지금 정부가 수도권의 주택 개발을 늘리려 한다면 주택 공급에 앞서 시급한 구도심 재생산업을 조급히 시행할 것을 요구한다.

서울에는 건축된 지 20년이 지난 노후 아파트가 전체 공급된 아파트 물량 중에서 60퍼센트를 차지하는 32만 가구에 이르고 있다. 고층 아파트에 대한 재건축이 용적율의 문제로 어렵다면 리모델링에 대한 인센티브를 제공하는 방법으로라도 시장의 혼란을 줄이는 정책을 시행해야 한다.

사회적 약자들의 주거복지를 위해 공공주택을 건설한다는 것에 누가 반대를 하겠는가. 그러나 국민의 세금으로 120조 원에 이르는 돈을 과연 공공주택 건설에 투자하는 것이 재정의 효율적 집행이라는 측면에서 찬성할 사람이 얼마나 되겠는가.

개인적으로는 정부가 부족한 재정을 확보하기 위해 그린벨트를 풀어 땅 장사를 하는 것이 아닌가 하는 생각까지 든다. 정부의 주거복지 로드맵이라고 거창하게 이름 붙인 공급 확대 정책은 필요는 하지만 실행 순서가 바뀐 것이다.

현재 대한민국의 정치·경제 성숙도가 국가 개발을 주도하던 시대와 다르기 때문에 국토 균형 개발을 위해서라도 공공주택 확대 정책은 이해 집단 간의 조정과 토의 과정을 거쳐서 결정되어도 결코 늦지 않다. 정책이 매우 졸속으로 결정되고, 이를 부동산시장에게 이것이 사회 정의이니 너희들은 무조건 따르라는 방식은 국민의 지지를 받을 수가 없다.

정부의 100만 호 공공주택 공급 정책에 대해 시장의 반응이 시큰둥한 것은 전형적인 포퓰리즘 정책으로 보여지기 때문이다. 정부는 시장에 개입하여 시장의 물꼬를 바꿀 생각을 자제하고 시장의 공정한 심판자의 역할에 충실해야 한다. 정부의 수도권 공공주택 확대 정책은 정부가 나서서 부동산 투자를 부채질하는 것으로, 시장에 역 반응만 줄 것이다.

시간이 문제이지 정부의 수도권 공공주택 확대 정책에도 불구하고 시장에서 오를 곳은 오를 것이다.

008

소형 아파트의 약진, 대형 아파트의 몰락

우리나라 부동산시장은 밴드왜건 효과가 통하는 전형적인 시장이다. 어느 누가 깃발을 들고 선창을 외치면 언론은 이에 동조하고, 언론의 기사에 심정적으로 동조하는 사람들은 그 흐름에 몸을 맡긴다. 물론 전혀 근거가 없는 것은 아니다. 그렇다 해도 현재의 소형 아파트 득세 현상은 지나친 감이 있다.

한국경제가 과거의 고성장 시대에서 감속경제의 시대로 진입하고 가족 형태의 변화로 대형 아파트에 대한 소비자의 니즈가 떨어진 것만은 사실이다. 오죽하면 대형 아파트를 관리비만 많이 드는 고정비 덩어리라고 하겠는가. 그러나 지금부터 10년 전의 부동산 버블기를 생각해보라. 그 당시 아파트시장을 주도한 것은 대형 아파트였다. 그러나 지금의 대형 아파트는 애물단지에 지나지 않는다. 수요자의 선호도가 떨어지니 강남권을 제외하고는 대부분의 지역에서 아직도 전고점을 못 넘어서고 있다. 일부 전문가들은 최근에 대형 아파트의 공급이 절대적으로 줄어들면서 앞으로 대형 아파트의 역전 시대가 다가온다고 말하기도 한다.

시장의 트렌드는 한 번 고정되면 쉽게 변하지 않는다.

시장에서는 최근에 소형 아파트의 공급량이 크게 늘면서 미래에도 소형 아파트가 지금의 강세를 지속할 수 있겠는가 하고 의문을 제기한다. 그러나 소형 아파트 공급량이 크게 늘고 대형 아파트의 공급량이 축소된다고 해도 소형 아파트는 가격 조정은 받을 수 있어도 계속 강세를 이어갈 것이다. 다만 소형 아파트의 판세도 지역 간 그 차이가 더 벌어질 것임으로, 투자 지역을 잘 골라서 투자해야 된다.

사람들은 아파트시장에서 소형 아파트의 경제성을 인정하면서도 2019년부터 본격화될 소형 아파트의 과도한 입주물량으로 인해 소형 아파트의 인기가 과거만 못할 것이라고 한다. 나는 이 부분을 인정하면서도 앞으로도 소형 아파트가 아파트시장을 주도할 것 이라고 생각하고 있다. 소형 아파트가 단지 지나친 입주물량으로 인하여 경제성 부분이 약화될 것이라고 생각하는 것은 부동산시장의 변화를 깊게 인식하고 있지 못하기 때문이다. 이러한 논리보다는 앞으로 소형 아파트도 지역에 따라 실제 가치 이상으로 고 평가되어 있는 지역과 여전히 경제성이 담보되어 있는 지역을 차등화시켜 보는 것이 아파트시장을 바로 보는 눈이라고 하겠다.

소형 아파트의 몰락을 예견하기 전에 우리가 우선적으로 생각할 부분은 대형 아파트의 몰락이다. 근래 들어 소형 아파트는 전성기를 구가하는 반면에 상대적으로 대형 아파트의 몰락 현상은 계속되고 있다. 오죽하면 대형 아파트를 가리켜서 고정비 덩어리에 불과하다고까지 비하하겠는가. 필자는 이 말의 80퍼센트는 맞고 20퍼센트는 틀렸다고 생각한다.

아파트의 가격이라는 것은 금리, 유동성, 공급물량에 절대적인 영향을 받는다. 이 중에서 부동산시장에서 직간접적으로 가장 영향을 많이 받는 것은 공급량이 될 것이다. 현재 상황에서는 대형 아파트가 홀대를 받고 있는 것이 분명한 사실이지만, 건설사가 대형 아파트 공급을 절대적으로 줄이고 있는 상황이 지속된다면 대형 아파트가 재평가 될 소지도 있을 것이다. 그러나 이는 절대적으로 공급측면에서의 시장을 판단하는 것이다. 다른 외부요인, 즉 급격하게 진행되고 있는 전통적인 가족의 해체와 1~2인 가구의 급증, 잠재수요층의 소득 감소 등의 중요한 사회적 현상에 비추어 볼 때, 소형 아파트가 득세하는 것은 시대적 흐름과도 부합한다고 할 수 있다.

이러한 측면을 감안해 아파트시장을 평가한다면 공급량이 줄어도 대형 아파트의 가격이 전고점을 회복할 가능성은 희박해 보인다. 외부적 요인에 관계없이 대형 아파트의 가격이 오를 가능성이 있는 지역도 제한되어 있는 것이 현실이다. 소위 한강 개발 축선상의 핵심구역으로 평가받는 용산, 이촌, 한남, 성수지구, 강남권에서 새로 개발된 내곡지구, 수서역세권 개발 호재의 수혜 지역으로 떠오르고 있는 자곡, 세곡, 위례신도시, 준 강남권으로 평가받고 있는 하남 미사, 판교, 과천시를 제외하면 대형 아파트의 가격이 오를 가능성이 큰 지역은 전국적으로 몇 곳이 안 된다. 필자의 판단이 맞다고 장담할 수 없다. 그러나 앞에서 열거한 지역 이외에는 수도권에서 대형 아파트의 공급량이 줄어든다고 해서 가격이 상승할 지역은 없다고 봐도 무방할 것이다.

대형 아파트와 소형 아파트의 가격 역전 현상이 가시화되기 시작한 시점은 부동산 버블이 꺼지고 금융위기가 시작되던 시점부터다. 이 현상은 고착화되는 것으로 보이며, 그래서 사람들은 이 현상을 가리켜 패러다임이라고 표현한다.

물론 시장의 변덕은 누구도 예상할 수 없다. 따라서 필자의 생각이 틀릴 수도 있다. 특정상품이 대세상승기에 진입하면 사람들의 생각이라는 것은 한쪽으로만 쏠리기 마련이다. 다른 경우의 수는 무시해버린다.

2000년대 초반에서 중반까지는 대형 아파트가 시장을 주도했다. 당시에는 이것이 아파트시장을 지배하는 논리로 작용했기 때문에 누구나, 아무 생각 없이 대세적 흐름에 편승해 수도권 변방의 나 홀로 단지까지 투자자가 몰려들었던 것이다. 그러나 현재 이곳들의 실정이 어떠한가는 모두들 알 것이다. 아마도 이 시기에 대형 아파트 단지에 묻지마 식 투자를 한 사람의 상당수는 지금도 고통의 나날을 보낼 것이 분명하다. 대표적으로 단기간에 대형 아파트의 공급량이 최대치를 기록했던 용인시를 제외하고도 이 시기에 개발된 일산의 덕이, 식사, 남양주의 호평, 평내, 덕소지구 등은 아직까지도 대형 아파트의 무덤으로까지 평가받고 있다.

이제 대형 아파트는 지역적 고려 없이 대형 아파트시장 전체를 예상하는 것은 의미가 없다. 부동산시장의 변화와 무관하게 앞으로 대형 아파트가 통할 곳이 있고 그렇지 않은 곳이 있으니 실수요자는 이를 구별해 투자전략을 세우는 것이 필요하다.

우리는 2014~2017년 초까지의 투자공간에서 소형 아파트의 가격상승을 보고 전체적으로 아파트의 가격이 크게 올랐다고 생각한다. 이는 착시현상이다. 부동산 버블시기에 버블 세븐 지역 중 한 곳이었던 분당신도시는 도시 인프라의 성숙으로 젊은이들이 가장 살고 싶어하는 선호 지역으로 꼽히고 있다. 그러나 이곳 대형 아파트도 전고점대비 적어도 20퍼센트 이상 가격이 빠진 상태로 여전히 전고점을 회복할 기회를 못 찾고 있다.

더불어 서울에 있다는 사실만으로 호재가 되는 세상에서 서울 25개 구 중에서 서초구만 간신히 대형 아파트가 전고점을 넘겼으며, 소위 강남 3구로 불리는 강남구와 송파구도 대형 아파트의 가격은 여전이 전고점을 밑돌고 있다. 이것이 현재 대형 아파트의 현실이다.

강남 3구 마저 이런 실정인데 다른 곳은 언급할 여지가 없다. 문제는 대형 아파트의 대체제로 볼 수 있는 소형 아파트의 분양가가 너무 높게 책정되어 부동산시장에 쏟아져 나왔다는 사실이다. 소형 아파트의 분양가가 높다는 것은 소형 아파트의 장점이 되는 월세로 임대를 주는 것이 어려워진다는 것이다.

앞으로 수도권 대형 아파트의 관점 포인트는 1기 신도시 전체에서 본격적으로 시작될 고층의 대형 아파트 재건축이 어느 방향에서 다뤄질 것인가 하는 문제다. 수도권 지역에서 아파트 투자를 계획하고 있는 사람들은 이미 현실화된 사실을 중심으로 시장의 변수를 하나둘 더해가면서 최종적인 투자계획을 세우기를 바란다.

투자의 결과는 누구도 책임져주지 않는다. 투자자 본인이 결정해야 한다. 그래서 투자는 쉽지 않은 것이다.

그래도 수도권 아파트시장에서 부동산 가격 사이클에 영향받지 않고 지속적으로 가격이 오를 곳을 선정하고 이곳에 투자를 집중하기 바란다. 앞으로 수도권 지역에서 소형 아파트 가격이 지속적으로 오를 것으로 판단되는 곳은 우선 남북경협 재개와 GTX 수혜가 겹쳐 있는 파주 운정신도시, GTX가 개통되면 서울 강남권으로 접근성이 크게 개선되는 남양주 다산신도시, 별내신도시, 신 강남벨트 지역으로 도시 인프라가 급속도로 발전되고 있는 위례신도시, 하남 미사신도시, 수서 역세권, 자곡, 내곡, 세곡 지구, 거여·마천지구 등이다. 앞서 열거한 지역을 중심으로 투자한다면 투자의 안정성에는 문제가 없을 것이다.

009

금리 인상과 부동산 투자

투자자들은 부동산시장에서 금리 인상이 이뤄질 것인가에 대한 문제를 가장 궁금해했다. 그러나 투자자의 기대치에 못 미치는 금리 인상만 있었다. 2018년에 들어와 한국은행이 처음 발표한 기준금리는 1.5퍼센트로 동결됐다. 앞으로 금리가 오른다고 가정해도 1퍼센트 이상의 큰 폭의 금리 인상은 없을 것이다. 세계금리의 동조화 현상으로 미국이 금리를 올리면 우리나라의 금리도 오를 것으로 생각한다. 그러나 정부 입장에서 1,500조 원에 이르는 가계부채라는 뇌관이 언제 터질지 모르는 상황에서 큰 폭의 금리 인상이라는 자충수를 두기는 어려울 것이다.

정부의 집요한 부동산 규제 정책에도 불구하고 부동산시장이 백기를 들지 않는 것도 다양한 요인이 있겠지만 저금리 기조가 계속되는 것과 무관하지 않다. 세계의 주요 경제국들은 2008년의 금융위기 이후 자국의 통화가치를 약화시키고 0퍼센트대 금리 정책을 동반해 자국의 경제를 살리는 양적 완화 정책을 고수해왔다. 그러나 장기간의 양적 완화 정책으로 재정 적자가 심해지고 인플레이션 유발로 자산거품 현상이 더해지면서 3년 전 미국을 중심으로 양적 완화 정책과 반대의 포지션에서 양적 완화 축소 정책으로 선회하고 있다. 그러나 미국과는 구별되게 유로 국가들과 일본은 여전히 양적 완화 정책을 고수하고 있다.

또한 약弱달러 정책을 고수하고 있는 미국은 금리 인상에 대해 미온적이며, 상대적으로 강세를 유지하는 원화로 인해 시장금리는 매우 안정되어 있다. 그러니까 금리가 예전처럼 10퍼센트대의 고금리 시대로 환원한다는 것은 금융위기 국면이 다시 찾아오지 않는 한 거의 불가능에 가깝다고 볼 수 있다

미국의 통화 정책이 양적 완화 축소에 무게를 두고 있다고 해서 금리 인상이 예정된 것으로 보는 시각은 무리가 있다. 즉 미국이 양적 완화 정책을 축소하는 정책으로 회귀한 것은 맞지만 이는 점진적으로 진행될 문제다. 미국이 양적 완화 정책을 축소한다고 해서 당장 큰 폭의 금리인상으로 이어진다는 논리는 현재의 상황과 맞지 않다. 2018년 7월 미국 연준은 기준금리 구간을 1.75~2.00퍼센트로 유지하고 있는 상태로 아직까지는 금리 인상의 폭이 예상보다 낮다.

물론 정부의 입장에서는 금리 동조화 현상이 뚜렷해진 상황에서

금리 인상은 피할 수가 없는 문제다. 다만 그 시기와 인상 폭을 두고 국내에서도 통화당국의 고민이 깊어지고 있는 형국이다.

현재 우리나라의 가계부채는 1,500조 원으로 추정되고 있다. 만약 집을 장만하기 위해 3억 원의 빚이 있는 사람은 금리가 1퍼센트만 올라도 1년에 내야 하는 이자 부담금액이 300만 원으로 늘어난다. 개인의 소득이 정체되어 있는 상황이라면 여간 부담이 되지 않을 수밖에 없다.

미국의 양적 완화 축소 정책으로 미국의 재정 정책 방향의 기조가 완전히 바뀌면서 금리 인상은 이제 현실화의 수순을 밟고 있는 것으로 보여 진다. 금리가 과거처럼 급격하게 오른다고는 장담할 수는 없지만, 앞선 사례처럼 금리가 1퍼센트만 인상되어도 가계가 받는 이자 부담은 크게 느는 것이 사실이다.

나는 작금의 부동산시장의 현실에서 이런 생각을 가지고 있다. 부동산이라는 것은 정부의 정책보다 상위개념이라고 할 수 있는 금리, 시장의 유동성에 의해서 상대적 가치가 크게 달라진다고 생각한다. 노무현 정부 시절 집권 2년 차가 되는 시점부터 임기가 끝나는 시점에 이르기까지 최근 문재인 정부하에서의 부동산 규제 정책에 버금가는 강력한 부동산 규제 정책을 17번에 걸쳐서 발표했다 그럼에도 불구하고 정부의 의도대로 날뛰는 부동산 가격을 잡지는 못했다. 아무리 강력한 부동산 정책도 시장의 대세적 흐름을 막을 수는 없다는 것이 이제 와서야 실감난다.

그러나 정부의 강력한 부동산 정책에도 막지 못했던 부동산 가격이 임기가 끝난 시점에 자연스럽게 정리가 되는 과정을 밟게 됐다. 바로 서브프라임 모기지론 사태로 불거진 금융위기에 의한 것이다. 금융위기로 재무적 리스크가 높아지게 되면 금리는 급상승한다. 금융자본에 의해서 증폭된 버블은 꺼지기 위해 존재한다. 서브프라임 금융위기가 가져온 사태로 전 세계적으로 유동성위기가 닥치면서 국내 자본시장 역시 그 피해를 벗어가지 못해 환율, 금리가 폭등하고 부동산, 주식, 채권 등 주요자산의 가치가 똥값으로 전락하기까지 했다. 지금도 그 후유증에서 벗어나지 못하고 있는 것이 현실이다.

시점을 건너뛰어 작금의 상황과 대입시켜보면 2014년에서 2017년 초까지의 투자공간에서 부동산시장이 상승을 견인해온 재료는 이전 정부의 부동산 규제완화 정책이 투자자의 의사결정에 많은 영향을 미쳤을 것이라는 점을 부인할 수는 없을 것이다.

반복되는 이야기가 되겠지만 그 이상으로 부동산 가격 상승에 영향을 미친 것은 해방 후 한국경제가 경험한 적이 없는 초 저금리 시대가 계속 되어 오면서 은행권에서 이탈된 자금들이 부동산시장에 몰려 벌어진 현상이다. 부동산시장의 여건이 좋아져서 부동산가격이 오른 것이 아니다. 그런데 지금 부동산 상승세를 견인해온 재료 중에서 금리 인상은 가시권에 들어와 있고 정부의 정책마저 강경책으로 돌아서 있는 환경에서 부동산 투자에 올인하는 것은 옳은 투자 방향이 아니다.

모든 투자 상품이 그러하듯이 장이 안 좋으면 쉬어 가는 것도 투자이다. 이런 시기에는 부동산 투자는 잠시 쉬고 일시적으로 돈을 묻어

두는 금융 상품을 선택하는 것이 연속적인 투자로 이어질 수 있다. 현재 부동산시장은 여러 가지 경제적 상황으로 말미암아 시장의 미래가 매우 불투명 한 것이 사실이다.

금리가 오르면 대출 한계 가구부터 가계 파산이 서서히 진행될 것이다. 당사자 본인도 충격이 크겠으나 전체 경제를 조율하는 정부도 여간 부담스럽지 않을 수가 없다.

그나마 다행스러운 것은 미국을 제외한 유럽, 일본 등의 주요 경제국들은 여전히 저금리 정책을 지속하고 있다는 점이다. 그리고 금리 인상 폭이 1퍼센트 내외에서 결정될 것이라는 점에서 최악의 상황은 피할 것으로 보인다.

다만 기준금리가 인상도 하기 전에 은행의 주택 담보대출금리가 2퍼센트 이상 상승하고 있고, 새로운 주택 담보대출 제도인 DSR이 도입되면 담보대출을 통한 대출한도가 줄어들기 때문에 부동산시장이 위축될 것이 분명하다. 투자자 입장에서는 금리 인상이 무서운 것보다 대출 규제를 통해 유동성의 고리가 끊기는 일이다.

세계적으로 저금리 기조가 크게 흔들리지 않고 있는 상황에서 금리가 크게 오를 것이라고 걱정 할 필요는 없다. 그러나 기준금리의 인상 폭이 적더라도 정부의 주택 담보대출 규제는 강화되고 있고, 이것이 부동산시장에 미치는 영향은 부동산 투자의 큰 물줄기를 바꿔 놓을 수가 있다는 점을 명심하자.

현재 한국은행의 기준금리는 해방 후 한국경제가 전개되어온 과정에서 최저금리다. 금리가 바닥이니 오른다는 이야기는 당연히 있을 수밖에 없다.

그러나 우리는 금리 인상 폭을 생각해봐야 한다. 필자가 사회생활을 시작하던 1990년대 초와 비교해 10분 1 수준이다. 나는 한국은행의 기준금리 인상의 문제보다 대출 규제가 더 부동산시장을 위축시키고 있다고 생각한다. 따라서 자신의 현금 안으로 투자하는 고액 투자가들에게는 지금 상황이 호재로 집결하고 있고 실제 그들이 투자 대상으로 삼고 있는 강남의 아파트는 정부의 규제책에도 불구하고 크게 오르고 있지 않은가. 부동산시장마저도 부익부 빈익빈 현상이 나타나고 있어 매우 안타까운 일이다.

010

금리 인상에 대한 SWOT 분석

S Strenth

금리인상은 양면성이 있다. 투자자의 입장에서는 금리 인상으로 당장 은행권의 예금, 채권금리가 오르니 나쁠 것이 없다. 운용자산의 상당 부분을 채권으로 운용하는 국민연금, 민간금융회사의 연금 상품은 금리인상으로 운용수익률이 증가할 것이다. 운용수익률이 증가한다는 것은 연금 지급액이 늘어나는 것을 의미한다. 그러나 대출 과다 채무자는 금리 인상으로 대출이자가 늘어나니 부담이 되지 않을 수가 없다. 현재 우리나라의 가계부채 총액은 1,500조 원에 이르고 있다. 금리가 1퍼센트만 올라도 15조 원의 이자가 늘어나는 것이다. 문제는 기준금리 인상속도에 비해서 대출이자의 상승속도가 빠르다는 것이다. 과도한 빚이 있는 투자자는 이제 빚을 통제하고 조정해야 한다.

W Weakness

금리 인상은 우리나라의 경쟁력을 약화시켜 수출 감소로 이어진다. 기업이 제조하는 상품은 생산요소와 함께 국가의 환율, 금리 정책 등의 간접 생산요소가 기업의 세계경쟁력을 좌우하는 시대이기 때문이다. 이명박 정부 시절, 정부가 대기업에 대한 법인세 감면 혜택, 고환율제도를 유지함으로써 삼성 같은 대기업은 그들이 만든 제품이 30퍼센트 이상의 가격우위요소를 확보했다고 한다. 국내 제조업이 죽을 쓰고 있지만 대기업이 매년 사상 최고의 영업이익을 달성하고 있는 것은 이 같은 정책에 힘입은 바 크다. 금융위기 이후 선진국들이 앞다투어 시장에 풀린 국채를 직접 매입하여 통화량을 늘리는 양적 완화 정책을 쓰는 이유도 이렇게 해서 낮아진 금리와 고환율로 자국의 경제를 살리기 위해서다.

O Opertunity

금리 인상은 단행된다. 그렇다고 겁먹을 필요는 없다. 여전히 선진국들의 양적 완화 정책기조는 변한 것이 없고, 금리 인상 폭도 미약할 것이기 때문이다. 시장이 겁을 먹고 투매에 나설 때가 오히려 투자의 기회다. 우량 물건을 싼값에 살 수 있는 기회이기 때문이다. 금융위기 당시 시장의 모든 사람들이 우량자산마저 투매에 나섰다. 그러니 이 시기에 집단동조화의 최면에 걸리지 않고 그들과 반대의 포지션에서 투자한 사람들은 우량 물건을 헐값에 사서 인생에서 한번 올까 말까 한 투자수익을 올렸다. 그래서 금융위기가 오면 부의 재편이 시작된다고 하는 것이다.

T Threat

금리 인상은 부동산 투자를 하는 사람에게는 분명히 악재다. 그러나 금리 인상보다 더 큰 악재는 정부의 강화된 부동산 대출 규제 정책으로, 대출을 통한 레버리지 투자의 유동성 고리가 끊기는 것이다. 그리고 대출금리가 기준금리 인상속도보다 빠르다는 것을 주목해서 볼 필요가 있다. 과도하게 빚을 내어 투자한 사람들은 더 욕심 부리지 말고 갖고 있는 자산의 구조조정이 필요한 시점이다.

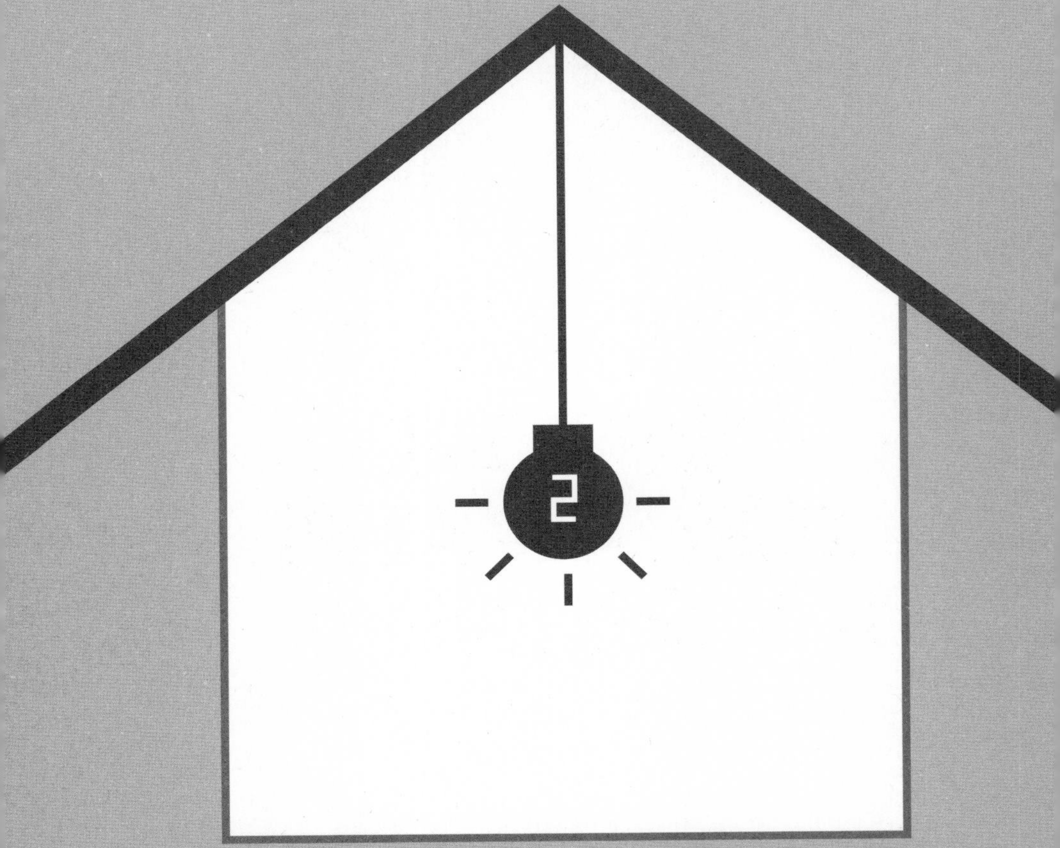
2

앞으로 3년,
대한민국 부동산이
요동친다

001

혁명적으로 바뀌는 수도권 교통지도

부동산시장에서 수도권과 비 수도권 간의 양극화 현상은 더 심해질 것이고 이는 거의 패러다임으로 굳어진 상태다. 이것이 균형 개발이라는 측면에서는 불행한 일이지만 정부가 막는다고 해서 막을 수도 없는 일이다. 그렇다면 수도권 아파트의 가격은 무엇이 결정하는가. 정부의 정책, 금리, 유동성 등 부동산시장의 가격에 영향을 미치는 외부적 요인을 제외한다면 교통 개발로 서울 중심권으로의 이동시간이 단축되는 것 이상의 호재는 없을 것이다.

경기도 광주, 이천, 여주는 오랜 기간 동안 수도권의 오지 중의 오지로 평가를 받아왔다. 이 지역들은 서울 중심으로 연결되는 대중교통이 매우 불편해 자동차를 이용하지 않으면 서울로 매일 출퇴근하는 일조차 어려운 교통 오지 지역이었다. 도시에서 차지하는 녹지 비율이 높고 생활 인프라도 성숙된 지역이지만 단지 서울로 이동이 불편해 부동산 평균 가격이 가장 낮게 형성되던 곳이었다. 그러나 평창동계올림픽을 계기로 경기도와 강릉을 잇는 복선 전철구간인 판교·여주선이 개통됨에 따라 상황이 역전되었다. 수도권 부동산시장에서는 교통 개발로 서울 중심권의 이동시간이 단축되는 교통 호재 만한 것이 없다.

현재 수도권에서는 서울로의 이동시간을 혁명적으로 단축시키는 수도권 광역 교통망이 개발되고 있다. 따라서 수도권 광역 교통망이 완공되는 시점에는 수도권 부동산시장은 요동칠 것이 분명하다. 부동산 투자자들의 문제는 지금 당장 결과가 나오는 부동산에만 눈독을 들일 뿐 다가올 미래에는 관심이 적다는 것이다. 그러나 과거의 예를 한 번 보자. 오를 것이라고 예상되는 부동산은 항상 어김없이 올랐다. 지금 당장을 보지 말고 미래를 봐야 한다.

앞서 말한 대로 수도권 교통지도가 완전히 새롭게 쓰여지고 있다. 필자는 개인적으로 부동산의 가격을 결정하는 것은 입지라고 생각한다. 입지라는 것에는 많은 부연 설명이 필요하지만 실무적으로 정리해본다면 수도권 부동산에서의 입지라는 것은 서울 중심권으로의 이동시간, 이동거리라고 생각한다. 수도권에서 신규 개발된 곳은 어디를 가나 입주 후 3년이 지나면 자족기능이 생긴다. 사는데 전혀 불편함이 없다. 그런데 가격대는 천차만별이다. 바로 이 가격을 결정하는 것이 서울 중심권으로의 이동거리, 이동시간이다. 이를 입지라는 말로 대신할 수가 있다.

특히 수도권 아파트 가격에 미치는 영향은 절대적이다. 강남·광교 신도시 간의 신분당선 연장구간이 개통되면서 성복역 일대에서 신규 분양된 35평 아파트의 프리미엄이 1억 원 이상 올랐다. 단지 역이 하나 생겨 서울로의 이동시간이 편리해진 것만으로 이렇게 가격이 오른 것이다. 서울 중심권으로의 이동시간 단축은 삶의 질이 높아진다는 측면에서 돈으로만 계산될 문제는 아니다.

그런데 수도권 교통망이 일대 전환기를 맞고 있다. 우리는 교통망의 개선으로 앞으로 오를 가능성이 큰 아파트를 주목해서 봐야 한다.

우리가 생각하고 있는 좋은 아파트란 무엇인가. 주거공간으로서의 쾌적성, 자연친화적인 환경, 편의시설이 완비되고 사교육 환경까지 갖춘 곳인가. 절대 아닐 것이다. 우리에게 좋은 아파트란 지금 시세보다 잠재가치가 높아 훗날에 나에게 시세차익이란 달콤한 열매를 안겨주는 곳이다. 이를 부정할 사람은 별로 없을 것이다. 우리에게 아파트란 여전히 사는 곳이 아니고 사는 것, 즉 투자의 대상으로 인식하고 있기 때문에 그렇다. 핵심권역으로 부상하는 지역의 아파트를 남보다 일찍 선점해 월급쟁이가 10년을 일해도 벌 수 없는 돈을 단 한 번의 아파트 투자로 번 사람이 우리 주변만 해도 얼마나 많은가.

1990년대 말로 기억하고 있다. 당시에는 한창 주상복합 아파트 붐이 일었다. 지금은 주상복합 아파트가 동형의 아파트와 비교해 낮은 대지지분, 분양면적, 입구에서 지하주차장까지의 길고 긴 이동시간, 높은 평당 관리비, 커튼 홀 방식의 평면구조로 냉난방 시설의 불편함, 높은 전기료 등의 이유로 선호되지 않지만, 그 당시에는 초고층 주상

복합아파트에 대한 인기가 높았다.

이런 분위기에서 1990년대 말 분양이 된 도곡동 타워팰리스는 높은 인기에도 불구하고 막상 분양하고 보니 미분양이 속출했다. 당시 분양가가 평형에 따라 차이가 있지만 평균 분양가가 900만 원 수준이었다. 그리고 몇 년이 지난 2000년대 초 평당 분양가는 그 4배인 3,500만 원에서 4,000만 원을 훌쩍 넘었다. 도대체 아파트 투자로 몇 년 만에 투자금의 몇 배의 이익을 남긴 것인가. 이런 사례는 수도 없다. 자신이 직접 투자는 하지 않았어도 이런 사례를 보다 보면 자신도 모르게 아파트는 여전히 사는 곳이라고 생각하기 전에 사는 것, 즉 투자의 대상이라는 생각이 들기 마련이다.

앞으로 이런 사례는 과거보다는 줄어들 것이다. 그렇다고 이런 투자 흐름이 멈추었다고 생각되지 않는다. 투자세계의 미래는 누구도 점칠 수가 없는 것이다.

좋은 아파트는 역세권에서 가깝고, 대지지분이 동형의 아파트보다 많은 곳, 도시의 인프라는 물론이고, 생활편의시설, 교통망까지 완벽하게 갖춘 곳이다. 사람들이 투자의 대상으로 삼고 있는 아파트를 보는 안목은 누구나 같다. 다만 이 조건들을 다 갖춘 아파트를 상대적으로 싼 가격에 매입하는 것이 어려운 일이 될 뿐이다. 이런 조건을 다 갖춘 아파트는 이미 가격에 다 반영이 되어 있기 때문에 가격이 높게 형성된 것이다. 강남 아파트가 비싼 이유는 이러한 장점이 가격에 다 반영이 되었기 때문이다.

필자는 개인적으로 수도권 아파트 중에서 미래가치가 상승할 곳은 새로운 길이 열려 서울 중심권으로의 이동시간, 이동거리가 크게 단축되는 지역이라고 생각한다.

수도권에 지어진 수많은 아파트는 어느 곳을 가나 외형이 같다. 대량으로 생산되는 공산품과 크게 다르지 않다. 아파트 건축은 하나의 종합건설회사가 정해지면 실제 공사는 각각 시공단계별로 비계, 토공사, 철근콘크리트, 전기, 설비, 보링 그라우팅 등을 전문적으로 시공하는 전문건설회사로 불리는 단종 건설사에 의해 지어진다. 종합건설회사의 브랜드는 달라도 아파트의 구조가 같은 이유도 여기에 있다. 종합건설회사의 브랜드에 따라서 프리미엄이 붙는다고는 하나 어떤 건설회사가 짓든 간에 아파트의 외형과 내부구조는 같다.

아파트의 가격은 품질로 결정되는 구조가 아니다. 다시 강조해 말하면 수도권 아파트의 가격이라는 것은 서울 중심부로의 이동거리, 이동시간 순서에 따라서 가격이 결정된다. 서울 남동권의 아파트단지들은 강남역세권을 기준으로 이동시간과 비례해 가격이 정해진다. 이상하리만치 그렇다.

수원시 영통구 이의동에 지어진 광교신도시가 분당의 시세에 버금가는 가격을 형성하는 이유는 광교신도시의 자족기능과 광교산, 원천저수지라는 산과 물이 공존하는 뛰어난 자연환경에도 있겠지만 그 이상으로 신분당선의 개통으로 서울 강남권으로의 진입시간이 크게 단축된 결과에 의한 것이다. 최근 신분당선이 통과하는 용인시의 동천, 수지, 성복, 상현지구 등이 그 동안의 침체에서 벗어나 소형 아파트를 중심으로 가격이 급등한 것도 다 신분당선 연장으로 인한 효과를 본 것이다.

현재 기존의 전철망 연장을 포함해서 수도권 교통지도를 완전히 바꿔놓을 정도의 대공사 사업인 수도권 광역 교통망 사업이 본격화되면 그 파급 효과란 것은 상상할 수 없을 정도로 클 것이다.

수도권 광역 교통망 확장의 중심에 서 있는 GTXGreat Train Express는 수도권 급행열차를 말하는 것이다. GTX는 수도권의 심각한 교통문제를 근본적으로 해결하겠다는 의지를 갖고 경기도가 국토교통부에 제안해 이뤄지는 사업이다.

GTX가 완공되면 수도권의 교통지도는 완전히 새롭게 쓰여지는 것이나 다름없다. GTX는 지하 40미터에서 50미터에 터널을 뚫어 전 구간을 직선화함으로써 기존에 운행되는 전철보다 3배 이상 빠르게 움직인다. GTX가 계획대로 추진된다면 GTX 통과 지역 내의 아파트 단지들의 서울 중심권으로의 이동시간은 기존에 비해 획기적으로 크게 단축된다. 부동산시장에서 이만한 호재가 있을 수가 없다. GTX가 완공되면 GTX A 노선 동탄에서 강남 삼성역까지는 기존 77분에서 19분으로, B 노선 송도국제도시에서 서울역까지는 82분에서 27분으로, C 노선 의정부에서 강남 삼성역까지는 73분에서 23분으로 출퇴근 시간이 3배나 단축된다.

GTX 개발이 계획대로 진행된다면 이는 수도권 전 지역에서 서울 진입시간이 크게 단축되는 효과가 있다. GTX A 노선은 2018년 착공을 시작해 2025년 완공을 목표로 3개 구간에 걸쳐서 사업이 추진 중에 있다.

개발 호재의 가격 싸이클은 발표시점에 한 번 오른 후 다시 수면 하에 있다가 공사 완공시점에 가서 다시 오른다. 그렇기 때문에 GTX 호재가 수면 하에 있는 지금이 투자의 기회다.

만약 장기간의 관점에서 투자를 모색하는 실수요자라면 GTX 이외에도 수도권의 기존 전철망 연장선의 호재가 있는 4호선 연장구간의 진접지구, 5호선 연장구간인 하남선의 하남 미사신도시, 7호선 연장구간인 청라선의 청라신도시, 8호선 연장구간 별내선, 강경선 전철구간인 판교·여주구간이 통과하는 경기 광주시, 이천시, 여주시, 김포도시철도 개통으로 신고가를 다시 쓰고 있는 김포신도시를 주목해 보기 바란다.

GTX와 관련해서 투자자들이 가장 많이 묻는 질문은 대표적 수혜 지역이 어디냐는 것이다.

필자의 개인적 생각으로는 신도시로서의 자족기능은 잘 완비가 되었으나 단지 서울 이동시간이 길어 제대로 평가받지 못해왔던 파주 운정신도시, 금촌신도시. 일산 덕이, 식사, 풍동지구, 송도신도시, 남양주의 별내, 평내, 마석지구, 송도신도시 등이 될 것으로 판단하고 있다.

GTX A 노선에 포함되는 일산 킨텍스 주변의 소형 아파트는 호재가 겹쳐 저점 대비 아파트 가격이 40퍼센트 이상 오른 상태다. 이와 비교해 식사, 덕이, 풍동지구는 여전히 바닥을 기고 있음으로 지역 내의 아파트 풍선 효과의 수혜 지역이 될 수 있다. 송도신도시는 유망하기는 하지만 2018년부터 2만 가구의 입주물량이 부담이 되고 있다.

그렇다고 해도 GTX 개통은 송도신도시의 아파트 가치를 높일 것이 분명하다. 앞으로 서부권으로 인천시의 행정 중심이 이동되는 것이 확실시 되고 있음으로 그 동안 도시의 자족기능에 비해 서울로의 이동거리가 60분 이상 소요되는 이동시간의 한계로 저평가되어 왔던 이 지역의 아파트들은 새로운 전기를 마련하게 될 것이다. 또 수도권 북동부 지역에서는 대표적인 교통오지로 평가되는 남양주시의 별내, 다산, 호평, 평내, 마석지구 등이 GTX, 7호선 연장선이 완공되면서 가격 상승의 여지가 크다.

수도권 남부 지역에서는 동탄신도시를 주목해서 봐야 한다. 동탄신도시는 기존의 수도권 전철 1호선이 운행되고 있고, 여기에 수서 SRT 호재와 더불어 GTX까지 완공되면 수도권 남부의 중심도시로 우뚝 설 것이다. 동탄신도시는 미래가 밝은 경기 남부권을 대표하는 곳이다. 현재 입주물량이 많아 가격이 조정을 받고는 있지만, 가격 조정이 끝나면 신고가를 다시 쓸 지역이므로 눈여겨봐야 할 곳이다.

그러나 주의해야 할 점은 교통 호재 지역에 해당된다고 해서 무조건 가격이 오르는 것은 아니다. 따라서 교통 호재 지역에 투자하려면 현장 방문을 통해서 지속적인 관심을 갖고 투자대상 물건을 모색해야 한다.

부동산 투자를 대하는 우리의 문제점은 현재 드러난 현상에만 집중한다는 것이다. 현상에만 집중하다 보면 소리 없이 다가오는 변화의 시그널을 알아채기 어렵다. 앞으로 대한민국 부동산시장은 핵심권을 제외하고 그 끝을 예측할 수 없는 조정 국면으로 진입할 것이다.

그러나 조정 국면이 끝나면 핵심권역으로 평가되는 곳들은 전고점을 넘어 신고가를 다시 찾게 될 것이 확실하다. 투자라는 것은 그것이 무엇이 됐든지 저점에서 사는 것이 자본 이득을 얻는 최고의 방법이다.

0 0 2

미래의 대한민국은 원룸의 바다

어느 국가나 일하지 않는 불로소득으로 부자가 되는 사람이 많다는 것은 정의로운 사회는 아니다. 그러나 지금 우리나라에서는 자발적이지는 않겠지만 이미 임대소득으로 생활을 유지하는 생계형 임대주택자들이 크게 늘었다. 국가에서 주는 공적연금으로는 생활을 할 수가 없고 그렇다고 일자리가 있는 것도 아닌 노년층에게는 연금보다 소중한 것이 임대소득이다. 이렇게 우리나라는 생계형 임대사업자들이 늘고 있다. 월세가 연금을 대신하는 사회는 바람직하지 않으나 현실이다. 이런 상황 속에서 임대소득자들을 무조건 비난해서야 되겠는가.

알에서 부화한 오리새끼를 바로 물가에 풀어 놓으면 어미 오리가 가르쳐 준 것도 아니건만 유유히 물가를 헤엄쳐 나간다. 이 현상처럼 태생적으로 경제적 동물의 유전자를 갖고 태어난 인간은 역시 누가 가르쳐준 것이 아님에도 불구하고 경제적 선택을 하는 일에 있어서는 기회비용적으로 생각하고 투자하는 경제적 동물이다.

경제적 부분에서의 기회비용이란 개념을 단순하게 설명하면 우리에게 똑같은 돈이 주어졌다고 가정해보았을 때, 각기 다른 자산을 선택하고 일정기간이 지난 후에 어느 선택이 효용이 높을 것인가를 판단하는 것이라고 말할 수가 있다. 현재의 투자시장에서 이러한 기회비용의 개념을 가지고 과연 무엇을 선택하는 것이 당신의 지갑을 무거워지게 하겠는가. 가격의 변동 폭이 매우 커서 계량화시킬 수가 없는 주식, 성장형 펀드, 이머징 마켓펀드를 포함한 일체의 해외펀드, 사모펀드를 제외시키고 말이다.

기준금리가 오른다고 해도 한국은행의 기준금리는 2018년 7월 기준으로 1.50퍼센트다. 앞으로 1퍼센트 이상 오르기 어렵다. 따라서 임대주택의 투자의 레버리지 효과는 끝나지 않았다. 임대주택의 레버리지 효과는 여전하다. 임대주택은 투자금이 수십억 원 되는 핵심권역의 다가구 원룸에서 투자금이 수천만 원에 불과한 수도권 외곽 시흥시 정왕동의 오피스텔에 이르기까지, 다양한 물건이 존재하고 레버리지를 활용하면 1,000만 원부터 투자할 수 있다. 이것이 가능한 이유는 부동산시장의 침체에도 불구하고 임대주택시장만은 은행이자보다 월세수익률이 높은 레버리지 효과가 발생하기 때문이다.

강연회에서 만나는 다주택자들이 필자에게 이구동성으로 묻는 말이 있다. 양도세 인상 조치를 앞두고 보유 주택을 팔아야 하나의 문제를 물어보는 것이다. 그때마다 나는 그들에게 역으로 질문을 한다. 갖고 있는 주택이 무엇이냐고. 그것이 다가구주택 등의 임대주택이라면 나는 무조건 갖고 있으라고 말을 한다. 투자는 세금을 내고도 수익이 발생하면 투자를 하는 것이지, 정부의 정책 때문에 영향 받아서는 안 된다.

특히 임대주택은 금리가 인상된다고 해도 레버리지 효과가 발생하는 물건이기 때문에 갑자기 돈을 쓸 일이 생기지 않는 이상 팔 필요가 없다. 한국은행 기준금리 1.50퍼센트 시대에 임대주택이 개인의 가처분소득을 늘려주는 효자 상품이라는 것을 부정할 사람은 아마도 없을 것이다. 그리고 앞으로 금리 인상이 있다고 해도 그 인상 폭은 매우 적을 것이며 가계부채가 1,500조 원에 이르는 상황에서 설사 금리 인상 요인이 있다 해도 한국은행을 보수적으로 금리 인상 문제에 대처해야 할 것이다.

현재는 만인이 정보를 생산하고 소비하는 시대다. 교과서적으로 무엇을 가르치고, 배우는 시대는 지나갔다. 그래서 지식을 함께 공유하고 실행하는 것은 의미 있는 작업이라고 생각한다. 수많은 텍스트를 읽는 것보다 현장의 경험이 더 중요하다. 시장과 나는 물과 물고기의 관계다. 시장의 흐름을 놓치면 투자시장에서 나의 존재감은 사라지고 만다.

요즘 같은 인터넷 시대에서는 더 이상 자본과 전문가집단이 정보를 독점하는 시대가 아니다. 인터넷을 통해 학습능력만 키운다면 당신도 얼마든지 빠른 시간 내에 전문가 수준의 투자안목을 키울 수가 있다. 인터넷을 통한 지식과 현장조사를 통해 당신도 전문가 이상의 투자자가 될 수 있다. 그렇다. 모든 문제의 답은 현장에 있다.

필자는 먼 거리를 가서 시장조사를 하는 경우에는 대중교통을 이용한다. 현장에 도착하면 그때부터는 해당 지역을 하루 종일 걷는 식으로 시장조사를 한다. 미련한 방법이지만 그렇게 해야만 현장을 주마간산식으로 둘러보고 끝나는 우를 범하지 않을 수 있다.

필자는 우리나라에서 가장 독신가구가 많이 거주한다는 서울대 정문 앞에서 시작해 도림천을 끼고 형성되어 있는 곳, 흔히 대학동이라고 부르는 신림 2동부터 9동, 관악구·동작구 일대의 노량진, 사당동, 신대방동, 신길동 일대, 건대입구역 주변 화양·자양동 일대의 허름하고 낡은, 무엇보다 너무 비좁아 흡사 쪽방촌을 연상하게 하는 곳까지, 대규모 원룸단지가 형성되어 있는 곳이라면 전국 어느 곳이나 찾아간다.

천안권의 백석대, 단국대, 호서대 천안캠퍼스, 상명대 등의 캠퍼스가 있는 안서동 일대의 원룸단지들을 보면 깜짝 놀랄 것이다. 대학이 없었으면 오지에 불과한 곳에 어마 무시한 규모의 원룸촌이 형성되어 있기 때문이다. 대전시의 대학가인 홍도동, 용전동, 용운동, 대동, 자양동, 도마동 일대의 대학가 원룸촌도 규모는 비슷하다.

전국에서 손에 꼽히는 원룸단지들의 엄청난 규모를 보고 있으면 원룸의 바다 같다는 생각이 든다. 원룸단지들을 굳이 원룸의 바다라고 표현한 이유는, 바다는 우리에게 끊임없이 생존해 필요한 먹거리를 제공하고 있다. 이처럼 원룸 투자로 발생하는 임대료로 안정적인 노후생활이 가능해지고, 예금이자에 대한 갈증을 느끼는 사람에게는 상대적으로 높은 수익을 안겨주기 때문이다.

한때 재개발시장이 미쳐 돌아가던 시절에 성황을 이뤘던 지분 쪼개기가 원룸시장에서 가구 쪼개기로 변질되어 성행하고 있다. 언론에 따르면 4가구가 있는 다가구주택을 22가구로 쪼개 월세를 놓는 곳까지 있다고 한다.

사업이나 부동산 투자나 똑같다. 사전의 수익성 분석이 사후에도 가능한 일치시키기 위해 비용통제를 잘해야 하고, 원룸 투자의 경우에는 수익률에 바로 직결되는 임대회전율을 높이기 위한 노력을 해야 한다. 시장에 참여자가 늘고 있다는 것은 그만큼 경쟁이 치열해지는 것을 의미하는 것이다. 과거의 관행대로 하다가는 실패할 수가 있다. 원룸 투자가 다른 사업에 비해 사업의 난이도가 크게 떨어지는 것은 사실이다. 그러나 훌륭한 사냥꾼이 토끼 1마리를 잡는 일에도 최선을 다하듯이 자신이 할 수 있는 역량을 다해야 원룸 투자도 성공할 수 있다.

원룸 수요자들인 청년, 학생, 일반 직장인의 니즈는 계속 변한다. 원룸주택시장이 성장하고 투자자들도 증가함에 따라 이들이 선택할 수 있는 원룸주택은 다양하다. 이들은 기본적으로 현대판 노마드 형 인간임으로 공부를 위해서, 좋은 직장을 찾아서 언제든 이동하는 사람들이다. 그래서 이들은 가격이 조금은 비싸더라도 풀 옵션이 되어 있는 원룸을 선호한다. 이제는 투자자들도 풀 옵션은 미래를 위한 투자라는 생각으로 접근해야 한다.

당장의 이익만 생각하고 미래를 위한 투자를 하지 않는다면 도태된다. 원룸주택 투자는 단순한 것 같지만 투자로 성공하기 위해서는 남과 다른 고객 유인 전략이 있어야 살아남는다.

대학 진학률이 정점을 찍고 하향 추세에 있다. 이 흐름으로 인해서 입학생 충원이 어렵거나 폐교되는 대학들의 원룸촌에서는 임대 회전율이 크게 떨어지고 주변 상가들 마저 폐업하면서 줄초상을 맞고 있다.

앞으로 이러한 흐름은 더하면 더했지 개선되기는 어려울 것이다. 옛말에 자리를 보고 누우라는 말이 있다. 임대주택 투자도 지역을 잘 골라 투자해야 한다.

003

부동산 불패신화는 막을 수가 없다

한국경제는 해방 후 본격적으로 경제 개발이 시작되면서 지금까지 GDP 대비 약 60배 이상 성장했다. 경제 성장은 필연적으로 부동산 개발을 필요로 한다. 그래서 수요가 끊이지 않는 부동산 개발은 부동산시장의 규모를 계속 키워왔다. 이 과정에서 탄생한 말이 부동산 불패신화다. 그래서 우리에게는 이런 믿음이 하나 생겼다. 대한민국에서 부동산을 사두면 언젠가는 오른다는 것이다. 그러나 현재 이 신화를 맹목적으로 믿는다는 것이 맞는 것일까? 필자는 이 부분에 이의를 제기하고 싶다.

현재 우리나라는 이전의 역동적인 경제 성장의 시대는 멈추고 감속경제의 시대로 진입해 있다. 수치상으로는 경제 성장을 하고 있는 것처럼 보이지만 기업들이 그들의 생산공장을 해외로 이전시키는 탈 한국화로 제조공장의 공동화 현상이 증가하고 있어 공장을 새로 짓는 곳보다 사라지는 공장이 더 많아 졌다. 제조공장의 탈 한국화는 있던 일자리도 사라지게 만들고, 이는 청년실업의 근본 원인이 되고 있다.

미래의 성장 동력인 유아 출생률은 1970년대와 비교해 절반으로 주저앉았고 인구의 절대 감소 현상으로 중소도시에는 인구가 매년 크게 줄고 있다. 인구가 감소하는 도시를 중심으로 행정구역을 단일화해 낭비되는 예산을 막고 재정의 효율성을 기해야 한다는 소리가 나오고 있다. 우리에게 익숙한 도시 명들을 하나씩 우리의 기억 속에서 지워야 할 날이 다가오고 있는 것이다. 이런 와중에 부동산 불패신화라는 옛날 버전에서 못 벗어난다면 부동산 투자의 핵심 고리를 놓치는 것이다.

우리는 인구절벽 시대에 살고 있다. 그러데 인구의 특정지역 편중 현상으로 부동산시장이 왜곡되고 있다. 전 국토의 12퍼센트밖에 되지 않는 서울과 수도권에는 절반이 넘는 인구가 살고 있지만 전 국토 면적의 88퍼센트에 이르는 지방권 인구는 계속 줄어들고 있다. 이러한 변화가 가져온 것이 부동산시장의 양극화 현상이다.

부동산시장에서만 이 흐름을 피해갈 수는 없는 것이다. 현재 부동산시장은 소형 아파트와 대형 아파트 간의 가격 양극화, 인구절벽에도 불구하고 점점 도를 더해 가는 지역 간 양극화, 수익성 부동산시장에서의 양극화 현상 등 모든 것이 극단적 양극화의 길을 가고 있고, 이 흐름은 시간이 흐를수록 더해 갈 것이다.

부동산시장이 조정 국면으로 진입하고 있는 것이 사실이다. 우리는 부동산시장을 평가할 때 잘나가는 서울과 수도권 일부를 대상으로 하기 때문에 전국의 부동산시장이 다 좋은 것으로 인식한다. 그러나 절대 그렇지가 않다. 이제 부동산 투자도 지역을 잘 선택해 전략적으로 투자해야 하는 시대다. 예전처럼 부동산은 사두기만 하면 무조건 오를 것이라는 생각은 시대의 흐름을 잘못 읽고 있는 것이다.

필자는 독신자를 대상으로 하는 임대주택은 전국구 부동산으로 여전히 수익성이 높다고 말했다. 그러나 임대주택 투자도 점차 지역 간 수익성의 차이가 벌어지고 있는 점을 간과해서는 안 된다. 부동산 투자는 미래를 보고 하는 것이다. 때로는 10년, 20년 후에 가서야 돈이 되는 부동산도 많다. 그래서 가격에 우선하여 입지 선택이 중요한 것이다.

앞으로 대한민국 부동산은 돈이 되는 부동산과 돈이 안 되는 부동산 간의 경계가 점점 더 명확해 질 것이다.

왜 사람들이 서울 부동산을 선호하는지 아는가. 인구절벽 현상으로 말미암아 전국적으로 인구가 줄어들고 있지만, 전입신고를 하지 않아 통계에는 잡히지 않아서 그렇지, 청년인구가 계속 서울로 유입되고 있기 때문이다. 예전에는 서울 지역 간에도 가격의 양극화 현상이 절대적이었다. 그런데 지금은 사라졌다. 서울 부동산은 그것이 어느 물건이든 서울에 있다는 사실 자체가 호재가 되는 시대로 진입했다.

부동산은 월급쟁이들에게 일생일대에 걸쳐서 크게 가처분소득을 늘릴 수 있는 절호의 기회다. 그러나 부동산은 움직이지 않는 동산으로 한번 사면 쉽게 되물릴 수 없다. 그렇기에 투자에 신중에 신중을 기해야 한다.

004

강화되는 부동산 대출 규제에 대응하는 법

문재인 정부의 부동산 대책 중에서 실질적으로 부동산 투자자에게 영향을 가장 많이 미치는 것이 대출 규제로 유동성의 고리가 끊어지는 일이다. 한동안 갭 투자, 레버리지 투자가 왕성하게 투자자들 사이에 번졌던 이유는 낮은 대출금리에서도 이유를 찾을 수가 있겠으나, 그 이전에 전 정부가 도입한 대출 완화 정책에 힘입은 것이다. 그렇다. 이처럼 과격한 레버리지 투자가 가능했던 이유는 돈 없는 사람들도 빚을 내서 투자할 수 있는 유동성의 확대가 이뤄졌기 때문이다.

양도세 인상 문제는 내가 매물을 팔지 않고 홀딩하고 있는 한 당장 내야 하는 돈이 아니다. 그러나 기존 주택 담보대출에만 적용하던 LTV, DTI 비율이 이제는 주택 담보대출을 포함해서 개인이 모든 금융권으로부터 대출받은 금액을 총량으로 계산해서 규제하는 DSR비율이 적용되게 된다. 대출 규제 방식이 DSR로 전환되게 되면 투자자가 가용할 수 있는 자금의 사이즈는 크게 줄어 들게 된다. 이른바 유동성의 고리가 끊어지는 현상이 벌어지는 것이다.

투자자금은 자신의 지갑에 있는 현금만을 말하는 것이 아니다. 개인이 자기 신용으로 자금을 조달하는 것, 자신이 보유하고 있는 부동산, 주식, 채권 등의 유가증권도 다 포함해서 투자자금이 되는 것이다. 그런데 이 고리가 일부 끊어졌다는 것은 개인의 투자 가능한 자금이 줄어들었다는 점에서 악재일 수밖에 없다.

금리 자유화 이전에 사회생활을 시작한 사람들은 잘 알 것이다. 그때는 관치금융의 시대로 국가가 시중은행의 금리까지 정해주던 시대였다. 이렇게 정부가 은행, 제 2금융권까지 그들이 판매하는 모든 상품의 교통정리를 해주다 보니 금융권의 금리와 시장금리 간에는 미스매칭 현상이 벌어질 수밖에 없었다. 그 역작용으로 은행금리와 시장금리와의 미스매칭에서 벌어지는 금리의 역마진을 커버하기 위해 소위 양건성 예금이라고 하는 꺾기가 관행이 되다시피 했다.

꺾기는 은행이 대출할 때 은행의 대출금리와 시장금리와의 미스매칭으로 발생한 금리 역마진을 보전하기 위해 대출의 일정액을 저금리 예금상품이나 금리가 낮은 보통예금에 일정기간 묶어두어 손실을 보전하는 것으로, 엄밀하게 말하면 불법 행위에 해당된다. 수요자의 입장에서는 대출을 받는다는 것은 돈 한 푼이 아쉬워서 받는 것인데 그중 일부 금액을 강제로 예치해야 하니 억울한 일을 당하는 것이다.

그러나 지금이 개발독재 시대의 관치금융 시대도 아니고, 정부가 나서서 민간금융회사의 대출 규제를 통제하고 금리 결정까지 관여한다는 것은 시대착오적인 행위라고 할 수 있다. 그리고 무엇보다 우리 경제의 수준이 과거와 달라 정부의 의도대로 되지도 않을 것이다.

은행권의 대출은 은행권이 판단하여 그들의 이익에 부합되면 하는 것이지, 정부가 이래라 저래라 할 수는 없는 것이다. 정부가 강력하게 대출을 규제한다고 가정할 때 대출 수요가 줄어 은행이 손실을 입으면 이 일을 누가 책임질 것인가. 금융위기 당시처럼 은행의 손실을 국민의 세금인 공적 자금으로 보존해줄 것인가.

시장에서 정부의 역할이라는 것은 공정한 심판자로서의 위치만 지키면 된다. 개인의 사적 재산추구권은 헌법이 보장하는 국민의 권리 아니던가. 개인이 갭 투자를 하건 말건 법의 테두리 안에서 한다면 정부가 개입할 이유가 없다.

갭 투자로 돈을 버는 사람도 있겠지만 투자에 실패하는 사람들도 많을 것이다. 정부가 실패한 사람들의 손실을 보존해주지 않을 것이라면 정부가 개입해서 이러라 저래라 할 이유가 없다. 필자는 시장이 과열됐다고 해서 자신들이 무슨 정의의 심판관이라도 되는 것 마냥 다주택자들을 범죄자 다루듯이 언론플레이를 하는 것이 영 못마땅하다.

강화되고 있는 정부의 주택 담보대출 규제의 영향으로 은행에서 주택 담보대출을 받기가 점점 어려워지고 있다. 문제는 은행이 아니면 낮은 금리로 주택 담보대출을 받을 곳이 없다는 것이다.

우리가 은행을 이용하는 단 하나의 이유는 저금리로 대출을 받기 위함이다. 물론 세상에는 담보만 있으면 대출을 받을 수 있는 금융회사는 많다. 저축은행, 캐피탈, 카드회사 등. 그러나 은행처럼 장기간 저금리로 대출받을 수 있는 금융회사는 없다. 소위 마을금고라고 하는 새마을금고, 신협 등의 협동조합형 금융회사도 있다. 이들 금융회사는 지역별로 독립채산 채 경영을 하기 때문에 여러 곳의 마을금고에 대출감정서를 의뢰하면 호 조건을 제시하는 곳에서 유리한 조건으로 대출받을 수는 있다. 그러나 이들 금융회사들이 은행 이상의 대출 상품 경쟁력을 갖추고 있느냐에 대해서는 의문이 든다.

따라서 은행에서 가능한 저금리로 대출한도를 늘리는 방법은 주거래 은행을 하나 정해서 주거래 은행과의 거래를 집중해 개인의 신용평가 등급을 높이는 수밖에 없다.

은행은 철저하리만큼 개인의 거래실적에 따라서 우대금리를 적용한다. 은행은 예금과 금융 서비스를 이용하기 위해서 이용하는 금융회사가 아니다. 대출을 잘 받기 위해 이용하는 것이다. 우리는 은행 예금이 경쟁력이 있는 것도 아니고 인터넷, SNS로 얼마든지 금융거래가 가능한 시대에 살고 있다. 예금으로 금리 1퍼센트를 더 받는 것보다 적수금리로 대출금리를 1퍼센트 더 낮춰 받는 것이 더 경제적이다.

005

3년 후 돈 되는 부동산, 돈 안 되는 부동산

시장에서의 인간의 투자 소비행동은 이성적이지 않다. 인간은 언제나 자신의 소득 이상으로 과소비를 하고 투자시장에 호황기가 오면 끝물이라는 시그널을 알리는 것임에도 집단동조화의 늪에서 벗어나지 못하며, 막차에 동승하는 일을 서슴지 않는다. 그나마 인간이 이성적으로 시장을 평가하는 것은 시장이 불황의 골이 깊어질 시점이라는 것이다. 호황기에는 불황의 시그널이 이곳 저곳에서 감지되고 있음에도 누구도 관심을 갖지 않는다. 불황이 현실이 됐을 때야 비로서 이를 받아들인다. 여러분도 그렇지 않은가. 지금도 부동산시장에 불황이 오는 시그널이 감지되고 있는데 호시절 때를 생각해서 부동산 투자를 밀어붙이는 것은 아닌가.

부동산 버블기에 시장에서 회자되었던 내용이 생각난다. 1990년대 이전에 건축된 대부분의 아파트는 국민주택 규모 이하가 대부분으로, 1970년대 초에 제정된 국민주택 아파트는 과거의 낡은 개념이다. 그 동안 한국경제는 비약적으로 발전했고 개인의 소득수준도 높아졌다. 무엇보다도 쾌적한 환경의 넓은 평형의 아파트에 살고자 하는 개인의 니즈가 강해졌으며 1인당 주거공간 면적도 확대되었다. 그리고 최근에 지어진 아파트는 3베이 구조로 과거 동일 평형의 아파트와 비교해서 넓게 공간을 활용할 수 있으며, 무엇보다 채광이 좋다. 실제로 2000년대 초반에서 중반까지 아파트시장을 주도한 것은 대형 아파트였다. 그런데 현재는 서울을 제외한 전국 대부분의 중대형 아파트는 애물단지로 변해 있다. 대신 그 자리를 소형 아파트와 임대주택이 차지하고 있다.

수도권에서 단기간에 걸쳐 가장 많은 대형 아파트가 공급된 용인시의 아파트를 버블기 마지막에 산 사람은 이자는 이자대로 나가고 시세차익은 전혀 없는 것이 현실이다. 일부 지역에서는 입주가 끝난지 오랜 기간이 지났건만 여전히 마이너스 프리미엄 상태를 벗어나지 못하고 있다.

과거의 셈법대로라면 기다려라, 기다리면 반드시 오른다, 조급하게 마음먹지 말라고 했을 것이다. 그러나 시장이 변했다. 이 변화를 가리켜 우리는 패러다임이라고 표현한다. 패러다임이란 한마디로 정리해서 말하면 "변화에 적응하라. 변하지 않으면 경제적으로 사망한다."는 말이다. 듣기에 따라서는 매우 무서운 말이다. 예전부터 아파트는 부동산 중에서 환금성에서 최고의 상품이었다. 소형 아파트는 여전히 그 흐름을 이어가고 있지만 대형 아파트는 아니다.

앞으로 중대형 아파트의 가치가 상승할 지역으로 한강을 경계로 하고 있는 소위 한강 벨트축선상의 용산, 이촌, 한남, 성수지구와 강남 3구뿐이라는 것이 아파트시장에서 설득력을 얻고 있다. 필자의 생각도 마찬가지다. 여전히 수도권 변방에 대형 아파트를 보유 중인 사람은 이제라도 빨리 손 털고 나오는 것이 상책이다. 나에게 경제성이 없어 매물로 내놓은 물건을 사줄 사람은 흔치 않을 것이라는 문제가 있겠지만, 앞으로 대형 아파트의 투자 환금성은 더 떨어질 것이다. 따라서 앞으로 대형 아파트에 투자할 의향이 있는 사람들은 입지 선정에 더 많은 노력을 기울여야 한다.

현재의 경제 흐름은 과거와 근본적으로 다르다는 것을 알아야 한다. 이런 시각에서 부동산에 접근한다면 돈 되는 부동산과 돈이 안 되는 부동산 간의 경계지점을 확실하게 구분 지어 부동산 투자에 활용해야 한다.

부동산은 아파트만 있는 것이 아니다. 이번 정부의 규제 정책이 아파트에 초점이 맞춰져 잇는 것이라면 우회해서 다른 물건들에 대한 투자도 생각해봐야 한다. 안 되는 것을 과거의 생각으로 판단해 투자한다고 돈을 버는 것이 아니다.

지금은 부동산 투자에도 코페르니쿠스적 사고의 전환이 요구되는 시점이다.

금리가 오르고 있다. 빚을 내서 부동산을 매입한 사람들은 대출금리의 인상으로 전보다 더 많은 이자를 내야 하고, 그마저도 주택 담보의 대출 강화 정책으로 돈을 빌리기도 쉽지 않다. 부동산시장도 냉각되고 있는 상황이다. 다주택보유자는 현 정부의 정책이 원망스러울 것이다. 그러나 여유자금을 운용하는 사람들의 입장에서는 금리가 오른다고는 하지만 그 정도는 정말 찔끔 오른 것이다. 과거 고금리에 익숙한 사람들은 이 정도의 금리 인상으로는 성에 차지 않는다. 그래서 거의 모든 사람들이 이구동성으로 말하는 것이 돈도 없지만 돈이 있어도 투자할 곳이 마땅치 않다는 것이다.

내수경기의 깊은 불황으로 수익성부동산의 대표주자 격으로 평가받는 상가 투자도 예전 같지 않은 것도 현실이다. 상가 투자의 수익률은 계속 떨어지고 신도시 분양상가의 경우에는 임차인을 구하기도 어렵다.

언론에서는 원도심권의 자생적 도시재생 사업으로 상가가 활성화되고 있다고는 하지만 이것은 일부 핫 플레이스로 떠오른 지역에 한할 뿐이지 전체 상가시장은 불황이라고 할 수 있다. 이러한 현상은 지방으로 내려갈수록 더 심각하다. 인천, 대전, 대구 구도심의 상권은 거의 사면초가 수준이다.

그런데 수익성 부동산시장에서 이상한 흐름이 감지되고 있다. 부동산시장이 정부의 정책과 금리인상으로 울고 웃고를 반복하는 와중에 원룸이라고 통칭해서 부르는 다가구주택, 오피스텔 등 독신가구가 주로 거주하는 임대주택의 경제성은 과 공급이라고 할 정도의 공급물량이 크게 증가하였음에도 임대수익이 꾸준하다. 원룸 투자는 투자 물건이 지역 물건에 따라 가격대가 다양하고 평균수익률은 은행이자의 10배에 이르는 곳도 많다 여기에 저금리를 적절하게 이용해 레버리지에 활용하는 경우 수익률은 물론, 상대적으로 적은 돈으로 투자할 수 있는 장점까지도 갖추고 있다. 이런 상황에서 은퇴 후 직업이 없으나 안정적인 노후생활비 마련을 위해 이 시장에 뛰어드는 사람도 크게 증가한 것이 현실이다. 원룸 투자의 경제성이 부각되는 시점은 지금부터 약 10년 전으로 부동산 버블이 꺼지는 시점에 투자열기가 서서히 달아올랐을 때이다. 고금리 시대에는 은행의 예금, 채권에 투자해 발생하는 이자로 노후생활비를 마련해왔지만 지금은 거의 수익성 부동산시장 투자로 돌아선 상황이다.

현 시점에서 볼 때, 수익성 부동산 중 안전성과 수익성이 가장 좋은 상품은 바로 독신가구를 대상으로 하는 원룸주택이다. 이 상품의 최고 장점은 자신의 신용이 문제가 없다면 적절한 레버리지를 통해 1,000만 원만 있어도 투자가 가능하다는 점이다.

이 시장이 투자의 연속성이 이뤄질 정도로 안정적인 수익을 창출하는 것은 독신가구의 비율이 급격하게 증가하는 인구 변화가 큰 영향을 미쳤다.

공급과 수요 사이에 수요가 급증하면 가격은 당연히 오르게 되어 있다. 1~2인 가구 증가 현상은 아파트시장에도 영향을 미쳐 정부의 정책 방향이 오락가락하는 동안에도 소형 아파트시장은 불황이 없었다는 사실에 우리는 주목할 필요가 있다. 우리나라 독신가구 비율은 우리가 예상하는 것 이상으로 빠르게 증가하고 있다. 그럼에도 불구하고 독신가구의 증가가 선진국에 이르려면 한참 멀었다는 통계자료도 있다. 이것은 시장에 긍정적인 시그널이다. 공급이 아무리 증가한다고 해도 이것을 능가하는 수요가 받쳐준다는 것이기 때문이다.

독신가구가 가난하다는 생각은 편견일 수 있다. 그렇지만 독신가구의 평균소득이 낮은 것도 현실이다. 독신가구 중에서 가장 많은 비중을 차지하는 계층은 20~30대이다. 이들은 사회 진출 시간이 짧아 여유자금을 축적할 시간도 없었다. 따라서 다른 연령층보다 소득이 적다. 그리고 우리가 그들을 현대판 노마드 인간이라고 부르는 이유는 일자리, 상급학교 진학을 위해서 이 도시 저 도시를 옮겨 다니는 특성이 있기 때문이다.

그들에게 기존 주택은 맞지 않은 옷에 불과하고 매매가도 이들에게는 넘을 수 없는 벽이다. 이런 이유로 인해서 그들의 라이프스타일에도 들어맞고 보증금이 작은, 대신에 월세를 지불하는 것이 관례처럼 되어 있는 소위 원룸이라고 부르는 것이 임대주택이다.

우리 인식 속에서 상대적으로 저렴한 원룸주택의 월세는 주거면적 대비 결코 저렴한 주택이 아니다. 서울 대학가, 역세권의 경우 겨우 사람 몸 하나 누울 수 있는 실 평수 4평 이내의 다중주택의 원룸은 방 안에 화장실이 있다는 것만으로도 월세가 50~70만 원에 이른다. 다가구주택 원룸의 경우에는 보증금 규모에 따라 다르겠지만, 서울 수도권을 기준으로 하면 보증금을 1,000만 원에 월세는 60만 원에서 80만 원 이상을 주어야만 실 평수 8~9평 내외의 집에서 거주할 수 있는 권리가 주어진다.

다가구 원룸은 임대주택의 꽃이라고 할 수 있다. 다가구 원룸은 전국적으로 대학가 또는 공장 밀집 지역에 분포되어 있기 때문에 지역적 가격 차이도 넓게 형성되어 있다. 물건에 따라서 가격대도 정형화되어 있는 것이 아니라서 상대적으로 적은 돈으로 투자가 가능한 장점을 가지고 있다. 독신가구를 대상으로 하는 임대주택 투자는 물건이 달라도 매매가가 낮을수록 변두리, 외곽으로 나갈수록 이와 비례해 임대수익률이 높아진다는 사실은 차이가 없다. 따라서 원룸주택은 상가처럼 지역 상권의 형성도에 의해 등급이 매겨지는 것이 아니라 지방의 매매 가격이 상대적으로 저렴한 물건의 임대수익률이 더 높다. 따라서 돈이 부족해서 서울이나 수도권의 역세권에 투자를 못한다고 실망할 이유가 전혀 없는 것이다. 투자라는 것은 투자금 대비 수익률로 그 가치를 평가하는 것이지 아파트 투자 마냥 강남 등 서울의 핵심권역이 무조건 좋다는 논리는 성립되지 않는다.

원룸 투자는 아파트와 같은 주택의 범위에 속하지만 그 내용은 달라도 너무 다르다. 아파트 투자는 서울 핵심권에 가까울수록 가격이 높지만 원룸주택은 다르다.

그럼에도 집 주인 혼자서 통째로 매입하는 집합건물 형태의 다가구주택을 매입하는 것은 금전적으로 부담되는 일이 아닐 수 없을 것이다. 그러나 나름대로 신용관리를 잘해서 일정금액의 레버리지가 가능한 사람은 투자금이 적어도 투자가 가능한 것이 다가구 원룸 투자의 장점이다. 레버리지 효과가 발생하려면 빚에 대한 이자를 제하고 그 이상의 수익이 발생하면 된다. 앞으로 금리가 오른다고 해도 금리 인상 폭보다 원룸주택의 수익률이 더 높기 때문에 빚을 내서 투자하는 경우에도 원룸주택의 경제성이 사라지는 것은 아니다. 레버리지 효과를 상쇄할 수준의 금리 인상은 현실적으로 어려울 것이기 때문에 임대주택 같은 월세가 확실한 상품에 투자하면서까지 대출이자를 걱정하지 않아도 된다.

독신가구를 대상으로 하는 원룸주택이 최근의 부동산시장 환경에서는 돈 되는 부동산의 핵심이다. 이를 부정할 사람은 없을 것이다, 금리 인상이 가시권에 들어왔다고는 하나 그 폭은 매우 미약할 것이기 때문에 수익성에 의문을 가질 필요가 없다. 저금리 흐름은 계속되고 있고 은행권에 1억 원을 예금한다고 해도 15.4퍼센트에 이르는 이자에 대한 원천징수를 하고 나면 받게 되는 이자는 1년에 100만 원 정도다. 그런데 원룸은 운용의 묘를 잘 살리면 1억 원 투자로 은행이자의 10배, 20배를 이상 받을 수 있다. 인구절벽에도 불구하고 독신가구 인구는 꾸준히 증가하고 있다. 원룸주택의 수요가 계속 늘고 있는데 수익률이 나빠질 리가 없다.

은행예금 이자보다 높다고 하는 종금사, 증권사, 판매 CMA, 발행어음, RP(환매조건부채권)도 세부 수익률이 1퍼센트 시대에 우리는 살고 있다. 물론 투기 등급 수준의 무보증 CP(자유 금리 기업어음)에 투자하면 확정금리로 5퍼센트 이상의 금리를 받을 수가 있다. 그러나 무보증 CP는 금리는 높지만 발행기업이 파산해 원금을 날릴 수 있다. 하지만 수익성 부동산은 수익률이 낮아질 수는 있어도 원금 손실 발생의 가능성이 없다. 그래서 신규로 사업자 등록을 하는 사람 중 임대사업자로 등록하는 사람이 가장 많은 것이다.

표 1. 원룸 투자 SWOT 분석

S(Strength)	• 독신가구의 증가속도가 공급량을 추월 • 은행예금 세후수익률 1퍼센트의 시대에 예금이자의 10배 수익률 가능 • 소액으로 투자 가능 • 투자금액에 따른 다양한 물건 존재 • 원룸시장은 전국에 걸쳐 투자단지별 다양성 존재
W(Weakness)	• 일부 지역에서 수요와 공급량의 미스매칭 현상으로 수익률 저하 현상 • 부동산시장의 위축으로 말미암아 대체 수단인 주식시장으로의 이탈자 증가
O(Oppertunities)	• 저금리 현상 지속 • 빚 내서 투자해도 레버리지 효과 발생 • 앞으로 금리 인상이 이뤄진다고 해도 금리 인상 폭은 1퍼센트 수준으로 투자수익률 확장에 문제가 없을 것임 • 매월 발생하는 임대료를 적립식펀드에 투자하는 것처럼 주식에 투자하거나 은행권의 자유예금을 연계한다면 수익률 체증이 가능함
T(Threat)	• 서울의 핵심구역 투자수익률 급감 • 원룸 투자는 수익성 부동산이라는 카테고리에 있는 상품 중에서 환금성이 좋고 수익률도 높아 투자에 따르는 리스크는 거의 없음

많은 사람들이 필자에게 묻는다. 임대주택 사업도 금리가 오르고, 대출 규제가 강화되고 있고 공급이 크게 늘어난 상황에서 임대주택의 수익성과 경제성을 의심해봐야 하는 것 아니냐고. 필자는 그들에게 말한다. 금리가 계속 오른다는 설이 있어왔지만 2018년 7월 현재 한국은행의 기준금리가 1.5퍼센트다. 대출금리가 오르고 대출 규제가 강화되고 있는 것은 사실이지만, 현재 한국의 독신자 비율은 25퍼센트 내외로 선진국의 40퍼센트에 이르려면 아직 멀었다. 공급이 늘어났어도 잠재 수요층이 충분하다. 한국은행의 기준금리가 만약 오른다고 해도 1퍼센트 내외다. 여전히 저금리 기조는 계속되는 것으로

봐야 하며 레버리지 효과도 여전하다. 이러한 상황에서 독자 여러분은 무엇을 선택하겠는가.

006

월세가 연금을 대신하는 지대사회

연금과 전원주택을 뜻하는 영어단어는 'Pension'으로 같다. 연금과 전원주택이 상호 어떤 관련성이 있길래 영어단어가 똑같을까. 연금Pension이란 단어는 원래 영국에서 은퇴자들이 노후생계 수단으로 전원주택을 매입해 여행객들에게 세놓아 받는 월세로 생활하는 것에서 유래해온 것으로 수익성 부동산과 연관이 깊은 단어다. 이러니 연금과 수익성 부동산은 아예 동떨어진 개념이라고 할 수 없다. 우리나라에서 노후생활자들이 임대주택을 세놓아 여기서 나오는 월세로 생활자금을 버는 일은 오래 전부터 이어져온 것이다. 그러나 요즘 민간 금융회사들이 운용하는 연금은 수익률이 매우 떨어져 노후생활에도 도움이 못 될 뿐더러 금융회사의 수익에만 기여하고 있다. 그래서 민간 금융회사의 연금으로 자신의 노후를 준비해야 하는 사회는 자신의 노후생활을 더 가난하게 만드는데 일조할 뿐이다. 현재 개인연금, 퇴직연금을 운용하는 34곳에 이르는 금융회사에 평균 연금 수익률은 1퍼센트대로 심지어 운용수익률이 마이너스인 곳까지 있다.

반면 임대주택 수익률은 연금 수익률과 비교해 5배에서 10배에 이른다. 그렇다면 바보가 아닌 이상 과연 누가 민간 금융회사의 연금에 자신의 노후생활을 맡기겠는가.

앞서 말한 것처럼 월세가 연금을 대신하는 사회는 불행한 사회다. 정부는 민간연금의 실체가 알려지고 우려감이 커짐에 따라 그 보완책을 서둘러 내놓았다. 그런데 그 보완책이라는 것이 연금 상품의 운용자산에 관한 포트포리오에서 기존의 상품 설계내용을 변경시켜 펀드형 자산의 비중을 40퍼센트까지 높여 수익률을 높이겠다는 방법이다. 이는 민간연금의 근본적 문제점을 해결하는 것이 아니다. 연금이라는 것은 결국 노년의 생명줄 같은 돈인데 투자원금이 보장되지 않는 펀드형 상품 비중을 높이겠다는 발상은 매우 위험한 것이다.

증권시장에서 소위 기관이라는 집단인 자산운용사의 수익률은 시장 평균에도 못 미친다. 이런 현실에 연금운용자산의 40퍼센트를 이들에게 맡겨 운용하게 한다는 것은 원금의 안정성이 지켜져야 하는 연금 상품의 특성을 외면하는 것이다. 그리고 그들은 자산운용 결과에 대해 철저히 감시하겠다고는 하지만 비전문가들로 구성된 공무원들이 과연 무슨 능력으로 이를 투명하게 감시하겠다는 것인지도 의문이다.

인구고령화로 인해 노후준비에 대한 관심사가 커지다 보니 별 해괴한 상품까지 연금이라는 이름으로 포장되어 판매되고 있다. 바로 주택연금이 이에 해당된다. 주택연금은 현재 살고 있는 내 집을 담보로 맡기고 일정기간 담보에 대한 대출금을 나눠서 매달 주겠다는 것이다. 결론적으로 주택 담보대출금을 나눠서 지급하겠다는 것으로 주택연금을 받는 사람에게는 효용가치가 없는 상품이다.

그런데 어느 시점부터 이 상품이 주택연금이라는 상품으로 둔갑해 판매되고 있다. 이 상품은 내 집을 담보로 해서 은행이 대출금을 나눠서 지급하겠다는 것이지 연금이 아니다. 이 상품의 정확한 이름을 역모기지론이다. 문제는 이 상품은 일반 주택 담보대출과 똑같이 연금 지급액에 따른 대출이자가 부가된다는 점이다. 만약 내 집의 담보가치가 하락하여 은행에 손실이 발생한다면, 은행은 즉시 내 집을 땡 처리해 우선적으로 은행의 대출금을 보존하고 나서 차액을 지급한다는 것이 주택연금 내용의 골자다.

어째서 내 집을 담보로 해서 대출금을 나눠서 지급하면서 내 집의 처분권까지 은행 맘대로 하는 것일까? 과연 이것이 동등한 입장에서의 거래인가. 주택연금의 판매를 허가한 금융당국은 노후준비를 걱정하는 서민을 도와준다는 취지에서 정책을 추진했다고 하겠지만 이는 전적으로 은행의 편에서 설계되고 판매되는 상품이라는 점에서 펀드와 같은 상품이다. 이 상품을 실제 연금이라고 생각하고 가입하는 사람만 불쌍할 뿐이다.

형태는 다르지만 현재 은행, 보험사, 증권사에서 판매되는 모든 연금 상품은 금융회사 입장에서 돈 버는 상품이다. 현재 금융권에서 판매되는 연금 상품은 비과세 혜택이 사라졌다. 보험사에서 판매하는 연금은 10년 이상 유지 시 연금지급 시점에 가서 이자소득에 대한 비과세 혜택이 있으나 설계사 수당으로 나가는 판매수수료를 따지면 은행연금 상품과 비교해도 금리경쟁력이 없는 것이 현실이다. 민간연금은 국가에서 주는 경제적 혜택이 전혀 없는 것은 물론 일반 은행권의 금융 상품과 비교해서 금리 경쟁력도 사실상 없다.

현재도 수익률이 거의 1퍼센트도 안 되는 수준인데, 이를 계속 유지한다면 과연 노후에 이자에 의한 가처분소득이라는 것이 발생할 것이라고 생각하는가. 결국 당신이 민간연금에 장기간 가입한다는 것은 은행과 보험사 임직원을 먹여 살리겠다는 것이지 당신에게 돌아올 이익은 없다. 투자가 아무리 위험하다고 해도 차라리 주식 투자를 하는 것이 낫다는 말이 왜 나오겠는가.

금융감독원이 발표한 '퇴직연금 종합 안내'라는 공시내용에 의하면 2014년 2분기 중 원리금 보장 확정급여형DB 퇴직연금을 운용하는 생명보험사 중에서 단 1곳도 수익률을 1퍼센트도 넘기지 못 했다. 이 내용이 틀리지 않다면 수수료를 공제한 수익률은 마이너스 상태라고 볼 수 있다. 민간에서 운용하는 연금 상품의 수익률이 모두 이렇다면 이는 특정 회사만의 문제가 아니라 민간연금 상품에 구조적 문제가 있다고 말할 수 있다. 그러나 정부는 퇴직연금의 수익률이 이 지경인데도 이를 개선할 생각은 하지 않고 2022년까지 모든 기업의 퇴직연금 가입을 강제 의무화하겠다고 한다.

퇴직연금 운용사들의 자산운용 능력에 문제가 있다. 그 동안의 운용수익률이 이를 증명하고 있다. 어차피 그들은 운용에 따른 수수료만 받으면 되기 때문에 수익률에는 별 관심이 없을 것이다. 퇴직연금을 공정하고 안정성 있게 운용하고 수익성을 보완하려 한다면 수익률을 인위적으로 높이기 위한 위험자산의 편입 비중을 확대하는 것 이전에 연금운용 결과에 대해 금융회사도 책임을 지도록 하는 것을 법제화해야 한다.

민간에서 운용하는 연금 상품들이 확실한 노후 보장 상품이 된다면 개인의 노후생활자금 포트폴리오라는 측면에서도 선택지가 넓어지는 것으로 이를 반기지 않을 사람은 없을 것이다.

왜 은퇴자들이 자신의 노후설계를 위해 금융회사가 운용하는 연금 대신에 수익성 부동산에 투자해 받는 월세로 노후생활자금을 마련하려 하는지 정부는 정말 모르겠는가. 따라서 생계형 임대주택 사업자마저 다주택자라는 카테고리에 묶어 생계형 임대 사업자들을 규제하는 일은 자제해야 한다.

0 0 7

1,000만 원으로 투자하는 수도권 오피스텔

투자공간에서의 동원 가능한 자금이란 자기가 갖고 있는 유형의 현금자산과 무형의 자산이라고 할 수 있는 자기신용이라고 생각한다. 자신이 현재 보유한 자산 중에서 주식, 채권 등 일체의 유가증권도 엄밀히 말해서 자신의 돈이라고 할 수 있다. 이러한 유가증권은 즉시 처분하면 바로 현금이 되기 때문이다. 그러나 사람마다 유가증권을 즉시 처분하지 못 하는 사정이 있다.

그러나 이러한 유가증권을 담보로 하여 대출을 받으면 투자금으로 활용할 수가 있다. 단 신용이 나쁜 경우에는 유가증권 대출이자가 높아지기 때문에 소위 빚 내서 투자하는 레버리지 효과가 발생하지 않는다. 기대수익이 10퍼센트라도 대출이자가 여기에 버금간다면 이자 내고 수익이 발생해야 하는 레버리지 효과는 없기 때문이다. 반면에 신용관리를 잘해온 사람은 부동산, 유가증권 담보가 없어도 자기신용으로 저리의 대출금을 받을 수가 있다.

필자는 개인적으로 무리하지 않는 선에서 빚을 내서 투자하는 것은 수익률을 체증시킨다는 점에서 긍정적으로 보고 있다. 은행의 신용등급이 양호한 사람들은 지갑에 1,000만 원만 있어도 원룸에 투자할 수가 있다. 물론 자신의 여유자금이 1,000만 원뿐인 사람이 레버리지를 한다고 해서 원룸주택 중에서 투자금이 수억 원에 이르는 다가구 원룸, 다중주택, 고시원 등에 투자하는 것은 투자금의 빈약으로 투자에 제한이 따른다. 그러나 그 대상이 수도권 외곽 소형 오피스텔이라면 얼마든지 은행 대출로 매입자금을 대신할 수가 있다. 은행권에서 '동시패션'이라는 은어로 부르는 주택 담보대출기법이 있다. 동시패션이란 구매자가 소유자의 동의 아래 은행에서 근저당 설정과 동시에 그 자리에서 바로 대출금을 받아 매입 잔금을 치르는 방법이다. 이 금융기법을 이용하면 계약금만 치를 수 있는 돈만 가지고도 오피스텔을 매입할 수가 있다. 수도권 변방, 천안권으로 나가면 전용율 50퍼센트의 15평대 오피스텔 물건을 7,000만 원에서 8,000만 원으로 살 수 있다. 수도권 외곽 저가 오피스텔의 경우 임대수익률이 10퍼센트가 넘는 곳도 많다. 물론 운용의 묘를 잘 살려 관리에 힘을 쏟아야 가능하겠지만 말이다.

오피스텔 투자는 아파트 투자와 반대로 해야 돈을 벌 수가 있다. 이 논리대로 오피스텔 투자는 서울에서 멀어질수록 매매가가 낮은 반면에 임대수익률은 높은 것이 특징이다.

현재 수도권 오피스텔 중에서 투자금 대비 수익률이 가장 높은 곳이 수원시 인계동, 시흥시 정왕동, 안산시 고잔동 일대의 저가 소형 오피스텔단지들이다. 반면에 오피스텔의 수익률이 가장 낮은 곳은 강남 선릉, 역삼, 논현동 일대의 오피스텔이다. 오피스텔은 내가 살기 위해 사는 집이 아니다. 오피스텔은 임대를 목적으로 투자하는 것이다. 전용율 50퍼센트도 안 되는 강남의 신축 오피스텔의 평당 분양가가 1,500만 원에서 2,000만 원 수준이다. 분양가가 1,500만 원이라고 가정하면 분양면적 15평 기준으로 매매가가 3억 원이다. 월세를 100만 원 받는다고 해도 연 임대수익은 1,200만 원이다. 실제로는 이 가격으로 임대를 놓기도 어렵다. 독신자들의 소득으로 봤을 때 관리비를 포함해서 100만 원 이상의 비용을 지출하기는 어렵다. 그래서 오피스텔은 저가의 소형 오피스텔이 수익률은 물론 임대 회전율도 높다. 오피스텔 투자는 싼 것이 비지떡이란 말이 통하지 않는다.

소형 오피스텔 투자의 최대 장점은 돈 없는 사람도 투자를 할 수 있다는 것이다. 필자는 이재에 밝은 월급쟁이들이 오피스텔에 투자해 개인의 가처분소득을 꾸준하게 늘려가는 사례를 많이 봐왔다.

주식과 비교해 투자위험은 매우 낮고, 투자수익률은 안정적이면서 상대적으로 은행 예금이자에 비해 10배는 높은 저가의 소형 오피스텔에 자신의 노후자금을 투자해보면 어떨까. 투자 상품의 절대적 가치는 있을 수가 없다. 단지 현재의 투자 환경에서는 원룸 투자 이상의 압도적인 우위를 갖는 상품이 없고, 이 흐름이 생각 이상으로 오래갈 것이기 때문에 원룸 투자를 권하는 것이다.

소액부터 고액까지 투자할 수 있는 전국 원룸단지 베스트 5

1. 서울 관악구 신림, 봉천동 일대
2. 시흥시 정왕동, 수원시 인계동, 안산시 고잔동 저가 오피스텔 단지
3. 천안시 안서, 신부, 성정, 두정동 일대
4. 경산시 영남대 일대
5. 대전시 용전, 홍도, 도마. 용운, 용문, 자양, 대동 등 대학가

0 0 8

강남을 누르니 강북이 뜨고 있다

방송통신위원장 내정자 인사청문회에서 야당은 그가 부인 명의로 구입한 강남구 개포동 주공아파트가 2008년에 가서야 등기가 된 것은 엄연하게 투기목적으로 위장전입한 것이 아니냐며 질책했다. 내가 이 기사에서 주목한 것은 이 내정자의 도덕성 문제가 아니라, 구입 당시의 매매가와 비교해 가격이 폭등 수준으로까지 올랐다는 사실이다. 그가 개포동 아파트 15평을 매입할 당시의 가격은 2억 9,000만 원이었다고 한다. 그러나 인사청문회 당시에는 매매가 기준으로 15억 원을 호가하고 있었다. 재건축 아파트가 아파트시장에서 돈이 되는 상품이라는 것은 일찍이 알았지만 구입 당시의 매입가에 비해 5배가 올라다는 것은 황금알을 낳는 거위에 비교해도 무리가 없는 수준이다.

그는 개포동 재건축 아파트에 대한 투자 정보를 어디서 얻은 것일까. 방송통신위원장으로 임명되기 전까지 그는 서울 모 대학의 언론대학원 교수였다. 전문적인 투자가와는 거리가 먼 사람이다. 흔한 말로 남편은 밖에 나가 돈을 벌어오지만 재테크를 잘해서 남편이 벌어오는 돈 이상의 돈을 버는 사람은 주부라는 말이 실감나는 사례라고 할 수 있다. 그를 제외한 다른 공직자들 역시 재테크 솜씨를 보면 전문가 뺨 치는 수준이다.

경제학에서 재화란 자동차, 컴퓨터 같이 우리 눈으로 직접 볼 수 있거나 만질 수 있는 것이다. 재화는 크게 두 가지로 나눠진 다. 공기나 햇빛처럼 비용을 지불하지 않고도 얻을 수 있는 자유재와 주택, 가전제품처럼 비용을 치러야 하는 경제재가 있다. 보통 우리가 쓰는 물건들은 시간이 지날수록 사용가치가 떨어진다.

안 쓰는 물건을 중고시장에 파는 경우 바로 땡 처리가 되어 처음에 구입한 돈의 10퍼센트도 받기 어렵다. 이런 관점에서 보면 오래된 아파트도 사실은 낡고 허름해서 수리비용이 매년 들어간다. 그러나 재건축을 앞두고 있는 아파트는 거꾸로 가격이 크게 오른다. 중고물건 중에서 수집가에 의해 가치가 달라지는 빈티지 제품 이외에는 낡을 때로 낡아 내구연한이 지난 경제재 중에서 오히려 가격이 크게 오르는 것은 재건축 아파트밖에는 없다. 아파트 투자 중에서도 현재 가치보다 미래에 가격이 가장 오를 아파트는 재건축 아파트밖에는 없다. 특히 저층의 대지지분이 높아 개발 후 큰 수익이 예상되는 아파트는 미래의 블루오션이 된다고 말할 수 있다. 재건축 아파트는 일반아파트와 비교해 통상적인 가격 상승이라고는 볼 수 없을 만큼 가격이 많이 오른다.

재건축의 상징처럼 여겨지는 강남 대치동 은마아파트는 1979년에 지어졌다. 은마아파트는 2000년대 들어서 본격적으로 재건축이 추진되면서 3,000만 원에도 못 미치던 전용면적 84제곱미터가가 2000년대 중반 13억 원으로 올랐고, 최근 들어 재건축이 본격적으로 추진되면서 가격이 더 오르고 있다. 분양가 대비 거의 50배에 이르는 가격 상승이 있었다. 물론 그 동안 시간이 많이 경과하기도 했다.

이는 재건축 아파트가 아주 독특한 특성을 가진 재화이기 때문이다. 부동산은 택지 부족으로 공급량의 제한을 받게 된다. 특히 강남처럼 대규모 택지 개발이 불가능 한 곳은 유일하게 공급량을 늘릴 수 있는 것이 재건축이다. 물론 재건축 아파트라고 해서 지역, 평형, 고층 여부에 따라 가격 상승에 차이가 있다. 재건축 대상 아파트라고 해서 무조건 오르는 것이 아니라는 것을 인지하기 바란다.

아파트 재건축 승인이 나고 재건축 아파트가 들어서면 이전보다 생활시설이 업그레이드되고 이곳에서 살고 싶어하는 사람들의 수요가 몰려들어 집값이 오를 것이라는 기대심리가 작동한다.

실제로 재건축을 통해 새 아파트가 들어서면 아파트는 완전히 새로운 모습으로 탈바꿈한다. 조합원의 지위를 갖고 재건축에 투자한 사람들은 이전보다 더 넓은 평형의 아파트를 배정받게 되고 원하는 평수와 층을 선택할 수 있는 특혜가 주어진다. 개발 이익은 덤이다. 그래서 재건축 아파트는 아파트시장이 냉각되는 분위기 속에서도 신고가를 다시 쓰고 있는 것이다.

문제가 있다면 재건축 아파트는 집 가격이 앞으로 더 오를 것이라고 기대하면서도 가격이 올라도 거꾸로 수요가 늘고 공급은 줄어든다는 점이다. 집을 사려는 사람은 가격이 더 오르기 전에 집을 사려고 몰려들고, 집을 팔려는 사람들은 가격이 더 오른 뒤에 집을 팔려고 하니 공급이 줄어드는 것이다. 재건축의 경우도 이처럼 수요는 늘고 공급은 줄어들면서 아파트의 가격이 크게 오르는 것이다.

문제는 실제로 아파트에서 살려고 하는 실수요자보다는 부동산 투자를 통해 시세차익을 얻고자 하는 사람들이 대부분이라는 것이다. 재건축 투자는 부동산 투자 중에서도 가장 돈이 되는 상품이다. 이러니 재건축 투자에 실제 거주하려고 재건축 아파트를 사려는 사람보다 투자 목적에서 사려는 사람들이 몰리면서 가격 버블이 생긴다. 이러한 현상이 전체 부동산시장에 미치는 악영향을 심각하게 받아들인 정부는 재건축 투자를 진정시키기 위해 재건축 개발이익 환수제, 투기지구 내에서의 대출 규제, 다주택 보유자를 겨냥한 양도세 인상, 후 분양제도 도입에 이르기까지 강력한 부동산 규제 정책을 내놓고 있다.

현재의 선 분양제도는 아파트를 시공도 하기 전에 집을 분양하는 것으로, 분양시기와 입주시 기간의 상당한 간극이 존재하기 때문에 중간에 가격 변동 폭이 크다. 하지만 후 분양제도는 어느 정도 아파트를 건설한 후에 분양하기 때문에 분양시점에 가서 가격이 지나치게 상승하는 것을 막을 수가 있다.

대출 규제는 수요자가 자기 주택을 담보로 해서 은행에서 돈을 빌리는 경우에 대출 규모를 줄이는 것으로 소위 레버리지를 통해 투자하는 세력을 근절시키기 위한 것을 정책적 목표로 한다.

그러나 재건축 아파트에 대한 정부의 규제가 강화된다고 해서 재건축 아파트 투자가 위축되리라고 생각하는 것은 순진한 생각이다. 부동산시장에서 정부의 정책이라는 것은 항상 냉탕과 온탕을 오가는 것으로 부동산시장에서 상수는 아니다. 투자자의 입장에서는 정부의 강력한 정책에도 불구하고 투자이익이 나면 투자하는 것이다. 재건축 아파트 투자는 장기간의 관점을 갖고 투자하는 것이다. 재건축 아파트 투자는 어느 투자 상품보다 투자하는 데 있어서 기다림의 미학이 필요하다. 재건축 아파트가 강남에만 있는 것이 아니다. 언론이 지나치다 할 정도로 강남의 재건축 아파트 단지들을 부각시켜서 그렇지, 수도권 인구 50만 이상 되는 도시의 구도심 도시정비 사업이 본격화되고 있는 구도심 저층 아파트단지들도 소리 소문 없이 많이 올랐다.

그리고 앞으로 1990년대 초에 지어진 1기 신도시의 재건축이 본격화된다. 1기 신도시의 수많은 아파트단지 중에서 장래에 개발이익이라는 달콤한 열매를 나에게 안겨줄 곳을 찾는 것도 흥미로운 일이다. 항상 말하지만 부동산시장은 넓고 투자할 곳은 많이 있다는 사실을 잊지 말기 바란다.

0 0 9

공부하는 투자자는 불황을 두려워 않는다

필자는 개인적으로 투자는 창조적 행위라고 생각하고 있다. 그 옛날 우리 어머니들은 빈약한 재료를 가지고 부엌에 들어가도 뚝딱 하고 세상에서 가장 훌륭한 음식들을 만들어 내곤 했다. 아무리 풍부한 음식재료가 있어도 그 맛을 흉내 낼 수 없다. 그렇다. 똑같은 음식재료를 가지고도 누가 음식을 만드느냐에 따라서 음식의 품질은 크게 달라진다. 투자의 세계도 다르지 않다고 생각한다. 똑같은 돈이 있다고 해도 그 돈을 누가 운영하느냐에 따라 미래의 가치는 달라진다. 그래서 투자는 창조적 행위라고 하는 것이다.

임대주택에 투자하는 경우 우리는 매월 일정액의 월세를 받는다. 누구는 이 돈을 생활자금으로 써버리지만 여유자금이 있는 사람들은 이 돈을 가지고 수익을 체증시키기 위한 투자 행위를 한다. 여기서부터 투자의 질이 달라진다. 누구는 아주 단순하게 은행과 보험사의 저축 상품에 관례적으로 투자를 하지만 투자의 격이 높은 사람은 이 돈으로 다양한 운용 수단을 찾고 단 한 푼이라도 수익을 늘리는 일을 한다.

여러분은 증권사에서 판매하고 있는 적립식 펀드를 잘 알고 있을 것이다. 이 펀드는 매월 일정액을 저축하듯이 주식에 투자하는 경우 소위 코스트 애버리지 효과가 발생해 평균 매입단가는 낮아지고 투자 위험은 줄어든다고 한다. 그런데 이 펀드의 단점은 세상에서 판매되는 모든 펀드 상품이 그러 하듯 손실이 발생하는 경우 그 손해를 투자자가 모두 안아야 한다는 점이다. 또 적립식 펀드는 지표를 쫓는 인덱스 펀드에 비해 운용수수료가 3배 이상 높다.

적립식 펀드의 포트폴리오는 코스피 상위 종목 200개 이내의 종목에 투자한다. 펀드는 기본적으로 운용단위가 크기 때문에 종목의 가치에 우선하여 수급이 원할한 대형주 위주로 포트폴리오를 구성한다. 그래서 하락하는 장에서는 손절매하기도 어렵다.

그러나 이 적립식 펀드를 내가 직접 투자한다고 가정해보자. 종목 선택은 대형우량주 위주로 구성하고 3년 동안 적금 들듯이 주식을 사다 보면 언젠가는 강세장이 올 것이다. 직접 투자하는 경우에는 운용자금이 적어 언제든지 손절매를 할 수 있다. 주식시장에서 개인은 기관의 봉이라고들 하지만 개인투자자가 모든 부분에서 열위에 있다고 생각하지 않는다. 주식시장에서 개인투자자는 게릴라다. 덩치가 작으니 치고 빠지는데 장점이 있다.

매월 나오는 월세로 주식에 투자하는 사람들은 공격적인 성향의 투자자로 정의할 수 있다. 그런데 매월 발생하는 월세를 가지고 장기로 주식에 투자한다는 것은 위험을 통제할 수 있다는 것이고 투자 손실이 발생한다고 해도 그 한계가 분명하다. 이러한 점을 감안한다면 공격적인 투자자도 안정적인 포지션에서 주식 투자를 할 수 있는 것이다. 넛지 이론에서 말하듯이 사람들은 너무 쫓기 듯이 일을 하다 보면 오히려 성과가 안 나온다. 주식 투자도 그런 것 아니겠는가.

단순하게 월세로 적금을 드는 사람도 일반 적금보다는 금리가 높은 저축은행의 자유적립예금이나 조합원의 위치에서 적금을 하면 비과세 혜택이 주어진다. 실제로 16.5퍼센트의 금리 인상 효과가 있는 마을금고에 가서 적금하면 금리를 더 받을 수가 있다. 또 적금을 1년 이내의 단기로 운용하여 만기 이자와 원금으로 단기 실세금리 상품의 제왕이라는 평가를 받는 CP(자유금리예금)에 투자를 한다면 크레딧 스프레드에 따라 은행 예금금리보다 6퍼센트 이상 금리를 더 받을 수가 있다.

사람들은 금리가 낮아도 너무 낮다는 말만 할 뿐 이것을 극복할 대안을 찾는 노력은 하지 않는다.

문재인 정부가 들어서고 나서 강의를 할 기회가 있었다. 이 강의에 참석한 사람들은 정부의 강경했던 집권 초기의 부동산 정책 때문에 가지고 있는 부동산을 팔아야 하나 말아야 하나를 고민하고 있었다.

그때 필자는 그들에게 단호하게 말을 했다.

“부동산을 많이 갖고 있다는 것이 중요한 것이 아니고 어느 물건을 갖고 있느냐가 중요하다. 내가 갖고 있는 물건이 임대주택이라면 팔 이유가 없다. 지금 여러분은 금리 인상을 걱정하고 있는데 만약 금리가 인상된다 해도 이는 예전의 금리로 회귀하는 것이 아니며, 금리 인상 폭도 상당히 미약할 것이기 때문에 임대주택은 여전히 유일하게 안정적인 레버리지 효과가 발생하는 부동산이다.”

임대주택은 가지고 있는 오피스텔을 담보로 대출을 받아 오피스텔 1채를 더 산다고 해도 대출이자보다 수익률이 높기 때문에 지금도 레버리지 투자를 하는 것이 효과적이다. 물론 무리가 가지 않는 선에서 그쳐야 한다. 투자는 숫자를 따질 수밖에 없는 산수의 문제다. 자신이 자신 있다고 해서 계산하지 않고 투자하다 보면 바둑에서 수를 못 읽어 결국 지는 것처럼 이자만 내다가 나가자빠질 수가 있다.

투자는 너무 많은 경우의 수를 놓고 머리를 굴리다 보면 결국 머리만 굴리다 끝난다. 그래서 당신의 실시간 재무적 현황을 잘 파악하고 안전적인 스탠스를 확보한 다음에는 남보다 선 투자를 해야 돈도 벌 수 있다.

010

핵심권역은 강화되고 확장된다

2000년 초반에서 2000년 중반까지 이어지던 부동산 버블기에도 서울 아파트 사이에는 깊은 양극화 현상이 있었다. 당시 부동산 버블은 세계적인 부동산 호황과 함께 국내에서는 기존 아파트 상승과 더불어 서울을 포함한 수도권 구도심 전체 지역에서 뉴 타운 개발이 추진되면서 걷잡을 수 없을 정도로 아파트 가격이 뛰었다.

아마도 앞으로 부동산시장에서 이 같은 장은 오지 않을 것이다. 필자가 기억하기로는 그 당시에는 재개발이 추진된다는 첩보성 정보만으로도 하루 사이에 가격이 뛰었다. 정치인마저 이 분위기에 편승해 공약 1호가 자신이 지역구로 있는 지역의 재개발을 추진하겠다는 것이었다. 서울 구도심 재개발 예상 지역에서는 지분 쪼개기 광풍이 불었으며, 모든 사람이 부동산에 미쳐 있었다. 당시 용산지구 국제빌딩

인근의 구옥은 대지지분 1평당 가격이 1억 원에 호가가 형성되어 있었다. 이런 지경이니 당시의 노무현 정부가 아무리 기를 쓰고 부동산 규제 정책을 실행했어도 시장에 먹히지 않았던 것이다. 시장에서 가장 무서운 것은 바로 인간의 탐욕이다.

그 당시 부동산시장에서 말하는 핵심구역은 서울 전체로, 그 범위를 넓히는 것이 아니라 소위 한강 개발축선상에 있는 용산, 한남, 성수지구와 강남 3구에 제한되어 있었다. 이 시기에는 흔히 서울의 노도강이라고 부르는 노원구, 도봉구, 강북부의 아파트단지들은 강남과 양극화 현상이 오히려 더 심해졌다. 그러나 지금은 그 차이가 많이 줄어들었다. 아파트는 이제 서울에 있다는 것만으로 호재가 되어버린 시대가 왔다.

여러분은 서울의 대표적인 고지대 지역인 성북구 돈암동과 관악구 봉천동의 산 정상에 가본 적이 있는가. 서울은 어느 고지대 지역을 가나 빼곡하게 아파트가 들어서 있다. 밑에서 마을버스를 타고 정상으로 가는 길에는 아주 낡고 비좁은 단독주택들이 들어서 있다. 걸어서는 집에도 못 갈 정도로 경사가 심하다. 주변의 생활편의 시설도 부족하다.

그러나 최근에 지어진 수도권의 아파트단지들을 보자. 어느 곳을 가나 생활편의 시설이 잘 갖춰져 있다. 삶의 질이라는 측면에서 비교가 불가능하다. 집값은 천지 차이가 난다. 정말 아파트시장은 서울에 존재한다는 것만으로 호재가 되어버린 세상이다.

필자가 글의 서두에서 핵심권역은 강화되고 넓어질 것이라고 말한 것은 인구절벽 현상에도 불구하고 인구의 수도권 집중 현상은 도를 더해가고 있으며, 2000년 이후 개발된 수도권 신도시의 인프라가 성숙해져서 사람들이 살기가 점점 더 좋아지기 때문이다. 여기에 수도권 광역 교통망이 완공되고 수도권 전철 연장구간이 개통되면 수도권의 고질적인 교통 문제마저 해결되기에 그렇게 말을 한 것이다.

기존 관념으로 해심권역이라고 하면 강남 3구와 한강 개발축선상에 있는 지역으로 제한되는 것이었다. 그러나 교통망의 전면적 개선으로 수도권의 교통 오지라는 평가를 받던 남양주, 송도신도시의 교통난이 해결된다면 나부터 그곳에 가서 노후를 보내고 싶다.

웃기는 것은 아무리 잘 지은 아파트라고 해도 서울에서 먼 곳은 제 가치를 제대로 인정받지 못 한다는 것이다. 여러분은 영정도 하늘신도시를 가본 적이 있는가. 필자는 그곳을 갈 때마다 이렇게 좋은 풍광을 가진 아파트들이 서울 아파트와 비교해 거의 똥값으로 취급 받는 것을 이해하려고 해도 이해가 되지 않는다. 영정도는 여름에는 서부권 최대 규모의 을왕리해수욕장이 있고, 세계화 추세에 맞춰 인천공항을 통해 국외로 나가기도 편리하다. 그러나 이곳의 아파트가 제 가격을 못 받는 이유는 서울 중심권으로의 이동이 너무 불편하다는 것이다. 필자가 10년 전에 송도 신도시를 방문했을 때와 현재는 상정벽해의 수준으로 발전해 있다. 이런 곳이 서울 중심권으로의 이동시간이 길어 제대로 된 평가를 받지 못 해왔다. 그러나 수도권 광역 교통망이 완성되는 2025년에 가면 이곳의 평가도 달라진다. 수도권 아파트 가격 결정에 있어서 새로운 길이 뚫려 서울로의 이동시간이 단축되는 것 이상의 호재는 없다.

이제 교통망이 개선되면 굳이 서울만 고집할 이유가 없다. 서울 집값이면 수도권 신도시에서는 지금 사는 곳의 절반의 가격만 주고도 그 평형대의 아파트를 살 수가 있다. 사람은 돈에 여유가 있으면 인생도 즐거운 것이다. 그래서 필자의 결론은 "이제 서울을 떠나라!"이다.

011

소액 투자, 중부권이 답이다

금리 인상을 가정한다고 해도 현재 투자의 3요소인 안정성, 수익성, 환금성에 있어서 단연코 다가구 원룸이 가장 경쟁력이 뛰어나다는 것에는 모두들 동의할 것이다. 서울 관악구 신림동, 봉천동 일대는 독신가구가 전체 가구의 70퍼센트를 차지하고 있을 정도로 이들을 대상으로 하는 다가구 원룸, 다중주택이 몰려 있는 곳이다. 이곳에서는 실 평수 기준으로 4평에서 6평 정도의 원룸이 보증금 500만 원, 월세는 최소한 50만 원 이상을 줘야지만 방을 얻을 수 있다. 다가구 원룸의 방이 10개라고 치면 월 임대료는 500만 원이고, 연으로 따져서 공실 발생이 없다고 가정할 때 연 총 임대 수익은 6,000만 원이 넘는다. 실제 이 지역은 입시, 공무원을 준비하는 학생층만큼이나 일반 직장인도 많아서 임대회전율이 100퍼센트에 가까운 지역이다. 그러나 투자자 입장에서 문제는 높은 월세와 임대회전율에 있는 것이 아니다.

이곳의 다가구 원룸, 다중주택에 투자하기 위해서는 보증금을 감안한다고 해도 대출금을 합하여 자신의 여유자금이 최소한 5억 원 이상은 있어야 투자를 할 수 있다. 투자성은 있으나 높은 매매가로 인해 시장진입이 어렵다는 것이 단점이다. 평당 월세가 가장 비싼 홍대역 부근, 강남 일대의 다가구주택은 그 이상의 여유 돈이 있어야 투자할 수 있다. 이 지역은 월세는 높지만 투자금 대비 수익률은 3퍼센트가 안 된다. 투자금에 비해서 실속이 없다. 다가구 원룸도 다른 원룸 상품처럼 외곽으로 나가야 투자금 대비 수익률이 높아지는 구조다. 한두 푼도 아니고 투자금이 수억 원에 이른다면 소액투자자로서는 탐이 나도 포기할 수밖에는 없다.

보증금, 대출을 끼고 1~2억 원 이내에서 투자할 만한 곳은 없을까. 수도권만 고집하지 않는다면 수도권 이남 지역에서는 1~2억 원 내에서 투자할 수 있는 곳이 의외로 많다.

대학가가 몰려 있는 천안권의 안서동, 두정동, 성정동 일대, 대전의 대학가 원룸촌이 몰려 있는 배재대 인근의 도마동, 한남대 주변의 홍도동, 용전동, 중리동 일대, 대전대가 있는 용운동, 우송대 주변의 자양동 대동, 충남대가 있는 대전 유성구 궁동 일대에는 독신가구를 대상으로 하는 다가구 원룸촌이 대규모로 형성되어 있다. 또 경산시 대학로 영남대, 진양읍의 대구대, 하양읍의 대구카톨릭대학 등의 메이저 캠퍼스가 몰려 있는 경상북도 경산시에는 수도권과 비교해 가격대가 낮은 다가구 원룸 매물이 많다. 이곳들은 필자가 가본 전국의 원룸단지 중에서 가장 큰 곳이었다.

그러나 지방은 인구유입이 적기 때문에 대학가 원룸촌의 다가구 주택은 방학기간에는 임대회전율이 크게 떨어진다. 대학생 수요층의 특징이 방학을 앞두고 수요가 격감하기 때문에 안정적인 임대수익을 얻기 위해서는 연세방식으로 월세 1년 치를 한 번에 받는 임대조건을 내걸고 임차인의 구해야 한다. 임대주택은 공실 발생 여부에 따라 수익률 변동이 심하기 때문에 수요층의 저변이 낮은 지방도시 대학가 다가구 원룸 투자는 이 점에 특히 유의해야 한다. 서울 수도권은 학생 수요층 이상으로 일반인 수요층이 두텁게 존재하고 있기 때문에 방학이라고 해서 특별히 수요층이 끊기지 않는다.

상대적으로 저렴한 다가구 원룸촌이 수도권에 없는 것은 아니다. 부천시 구도심의 원미구, 인천시의 구월동 일대는 다가구 원룸이 많이 있지만 거의 1990년대 이전에 저어진 것으로 방의 수도 적고 무엇보다 건물이 너무 낡았다. 이런 곳은 당장의 임대수익보다 도시재생사업에 따른 기대수익을 노리고 투자해야 한다.

수도권에서 건물 상태가 비교적 깔끔하고 매매가도 저렴한 다가구 원룸이 많이 있는 곳이 고양시 덕양구 화정동과 행신동, 시흥시 정왕동, 안산시 원곡동 일대이다. 단, 좋은 물건은 스스로 현장을 샅샅이 뒤져 찾아야지 남의 말만 믿고 투자하면 안 된다는 점은 명심하자.

3

3년 후 핵심 지역을 선점하라 : 미래의 핵심 지역 베스트 10

001

3년 후 핵심 지역, 흔들리지 말고 선점하라

우리는 문재인 정부 출범 후 혼돈의 시간을 보내고 있다. 전 정부에서 파격적으로 추진됐던 부동산 규제 완화 정책이 새로운 정부가 들어서면서 규제 정책으로 180도 바뀌었기 때문이다.

현재의 부동산시장에서 미래를 예측하는 일은 어렵다. 그러나 옛말에 이런 말이 있다 어려울수록 기본에 충실하라고. 오늘 당장 부동산에 투자할 것이 아니라면 일단 정부의 정책에 담담해지자. 세세한 부분까지 정부 정책으로 영향을 받다 보면 미래의 큰 그림이 그려지지 않는다.

문재인 정부 출범 후 짧은 기간 동안 너무나 많은 부동산 정책이 발표되다 보니 그 내용을 일일이 아는 것도 쉽지가 않다. 지금 우리가

해야 할 일은 지금 당장은 아니더라도 미래에 가치가 있는 부동산이 어느 곳인지 분석하고 투자를 선점하는 것이라고 생각한다. 정부 정책은 돌고 도는 것이다. 정부의 부동산 규제 정책으로 부동산 불황이 깊어져 실물경기에 나쁜 영향을 미친다면 정부의 정책은 시장 친화적으로 회귀할 것이다. 정부의 정책이 의도하는 바가 정의로운 것이라도 시장의 수요자가 불만족하면 그 정책은 폐기된다. 잠시 동안이라도 너무 복잡해 답이 안 나오는 정부의 부동산 정책은 묻어두고 단순하게 생각해서 미래에 오를 가능성이 큰 부동산 지역을 점쳐보자. 정부의 정책은 이미 다 노출된 카드다. 정부의 정책이 무서워 투자를 못 하는 것은 아니다.

시장이 아무리 위축되었다고 해도 투자하는 사람은 존재하는 것이고, 시장이 공포에 휩싸여 있을 때 투자하는 사람은 지금 당장은 아니지만 미래의 블루오션을 만나는 기회가 주어진다.

여러분은 어떤 아파트가 좋은 아파트라고 생각하는가. 살기 좋은 아파트란 자연에 둘러싸인 곳에 지어진 내부 구조가 건실한 아파트가 아니다. 우리에게 좋은 아파트란 현 시세보다 잠재가치가 높아 미래에 시세차익이란 달콤한 열매를 안겨주는 곳이다.

우리나라 국토는 인구에 비해 인구밀도가 매우 높다. 우리나라는 국토의 70퍼센트 이상이 산지로, 개발이 가능한 국토의 면적이 적다. 이렇게 개발할 국토의 면적은 적은데 압축 성장을 하는 과정에서 토지의 이용률이 기하급수적으로 증가하면서 부동산 가격은 늘 수요가 공급을 초과해서 증가해왔다. 이러니 아무도 관심을 두지 않던 땅까지 국토개발계획이 수립되고 개발이 본격화되면 잡종지에 불과한 땅들도 황금알을 낳는 거위로 변해서 내 품에 안기는데 누가 부동산 투자를 외면하겠는가.

부동산은 주식 채권 투자처럼 환금성에 있어서는 떨어진다. 그러나 한번 사두면 떨어지는 법 없이 항상 오르기만 해왔다. 이는 국토교통부의 정보망에 접속하여 그 동안의 전국 땅값의 공시지가 변천사를 확인해보면 바로 알 수 있다.

최근엔 이전과는 다른 흐름을 보이고는 있지만 우리나라에서 부동산은 서민이 중산층을 넘어서 부자로 가는 최선의 방법이다.

지금 부동산시장은 다주택자에 대한 규제 강화, 금리 인상, 인구절벽으로 인한 내수 경기의 침체 등 온갖 악재에 다 노출되어 있다. 그럼에도 부동산에 대한 뜨거운 관심은 식지 않고 있다. 여전히 부동산은 나에게 대박을 안겨줄 수 있는 상품이라는 인식이 바꾸지 않고 있다. 그렇다. 부동산은 압축경제 시대처럼 전 지역이 폭발적으로 오르지는 않겠지만 미래의 핵심구역으로 상승할 여지가 있는 지역은 우리에게는 여전히 뜨거운 감자다.

요즘 들어 부동산 부정론자들은 이제 부동산으로 돈을 버는 시대는 끝났다고 말을 한다. 이들의 말을 듣다 보면 이들의 얘기가 꽤 근거 있게 들린다. 그들은 우리나라도 일본이 20년 전에 겪었던 것처럼 2018년 안구절벽이 본격화되고 있어, 지방부터 하나둘 불 꺼진 아파트단지들이 늘어날 것이고 인구절벽은 내수경기의 침체를 불러와 수익성 부동산의 수익을 갈아먹을 것이라고 한다. 무엇보다 우리 경제가 과거처럼 역동적으로 성장하는 시대는 끝나고 감속경제의 시대로 진입해 있다는 것이다. 여기에 수요를 초과하는 아파트 공급량과 강화되는 정부의 주택 담보 규제 정책으로 유동성의 고리가 끊기는 것과 금리 인상이 코앞에 와 있는 시점에 부동산이 오른다는 것은 시대착오적이라고까지 말을 한다.

부동산 부정론자들의 말을 무시하는 것은 아니지만 그들은 인간의 투기적 본능을 이해하지 못하고 있다. 인구절벽 현상에도 불구하고 서울 수도권을 중심으로 오히려 핵심권역의 범위는 넓어지고 있고 이 지역들은 앞으로 투자자들에게 놀라운 수익률로 보답할 것이다.

필자는 지방 일부 핵심권역과 서울 수도권의 아파트는 계속해서 오를 것이라고 믿고 있다. 지역 간 양극화는 어쩔 수 없는 문제라고 이해할 수 있지만, 아파트시장이 전체적으로 냉각될 것이라고 하는 견해는 도저히 받아들이기 어렵다,

우리는 아파트의 가치를 논함에 있어 소위 네 가지 우위요소를 꼽고 있다. 그 네 가지 우위요소는 입지, 생활환경, 교육환경, 그리고 교통인프라다. 우리나라에서 이 네 가지를 기준으로 하면 그 가치에 근접한 아파트 지역이 나온다. 그 가치에 부합되는 아파트단지들을 손으로 꼽아보자. 그리고 그 아파트단지들의 현재 가격을 확인해보자.

강남 아파트가 최고의 아파트인 것은 내부구조와 생태적 환경이 완벽하게 조화를 이뤄서 가격이 높은 것이 아니다. 강남 아파트는 앞서 열거한 이 네 가지 조건들은 완벽하게 갖추고 있기 때문이다. 필자

는 주식이나 부동산이나 핵심가치가 있는 것은 현재의 가격이 고점이라고 해도 계속해서 신고자를 갱신할 것이라고 믿고 있다.

그러나 강남 아파트는 저금리를 이용해 레버리지를 활용한다고 해도 어느 일정 수준은 현금을 쥐고 있어야 투자를 할 수 있다. 그렇기에 필자는 현재는 저평가되어 있으나 앞으로 반드시 놀라운 가격 상승이 있을 것으로 믿어지는 지역을 선정의 기준으로 삼았다. 물론 돈이 충분하다면 강남 아파트는 여전히 매력적인 투자 상품이다.

필자는 앞으로 가격상승의 가능성이 있는 저평가 우량 지역에 관심이 크다. 예전처럼 분양 아파트를 단기간에 프리미엄을 받고 되파는 것도 좋은 투자 방법이기는 하다. 그러나 현재 정부의 강화된 청약제도의 틀에서는 이러한 투자 방식은 힘들다.

그래서 미래를 보자는 것이다. 지금부터 이 책에서 열거하는 베스트 아파트 지역은 나름의 고민을 통하여 엄선된 곳만 추천하는 것이다. 이곳들이 여러분을 부자로 만들어줄 수 있을지는 여러분의 노력 여하에 달려 있겠지만, 여러분의 기대를 저버리지 않을 것이라고 확실하게 말할 수 있다.

앞으로 아파트 투자를 어떻게 해야 하는지의 문제로 고민하는 사람들은 여기서 추천하는 지역을 꼭 참고해 투자에 활용하기 바란다.

002

강남을 대체하는 신 강남 남부 벨트 아파트

사람들은 저마다의 사연을 담고 있는 버킷리스트를 갖고 있다. 버킷리스트에 올라 있는 목록들은 지금 당장 가질 수 없는 것이기에 버킷리스트 목록에 오른 것이다. 쉽게 가질 수 있는 것을 버킷리스트 목록에 올리는 사람은 없을 것이다.

아파트시장의 버킷리스트가 바로 강남 아파트에 사는 것이다. 이 말에 동조하지 않는 사람도 있을 것이다. 세속주의 시각에서 강남 아파트는 누구나 살고 싶어 하지만 또 누구나 강남 아파트에 살 수는 없다. 아파트시장에서 소유의 갈망이 절실한 곳이 강남 아파트다.

논리의 비약으로 비춰질 수 있겠지만 사랑이 변하는 것이 아니라 사람이 변하는 것처럼 부동산시장의 투자논리도 같다고 생각한다. 부동산시장의 핵심권역은 변하지 않는다. 우리의 마음이 변하는 것이다.

2000년대 중반, 부동산시장이 한참 달아올랐을 시기에 서울의 뉴타운 재개발 지역인 거여·마천지구와 소위 한강 개발축선상의 용산, 한남, 성수지구는 누구나 눈독을 들이던 곳이었다. 그러나 부동산 버블이 꺼지게 되면서 이 지역들은 사람들의 기억 속으로 사라져갔다.

그런데 이 지역들이 본격적인 개발을 시작하면서 다시 시장의 빅이슈 지역으로 떠오르고 있다. 미래의 가치를 보고 기다리면 될 것을 단기적인 시장의 변동에 마음이 흔들려 좋은 투자 기회를 스스로 날린 것이다. 투자는 기회를 선점해야 성공하는 게임이다. 우리의 마음이라는 것은 시장의 가벼운 움직임만으로도 언제나 변심을 한다. 현재라고 해서 다르지 않다. 부동산은 시간에 비탄력적이다. 그러나 핵심 지역은 시간이 문제이지 반드시 오른다.

여러분은 서울 강남 안에 또 하나의 강남이 존재하는 것을 알고 있는가. 우리에게 강남은 삼성동, 청담동, 역삼동, 강남역 역세권이 전부라고 생각하지만, 소리 소문 없이 강남의 새로운 주거단지인 신 강남 남부 벨트가 조성되고 있다. 이 지역은 앞으로 기존 강남시장을 대체하는 또 다른 강남이 될 것이다.

그렇다면 신 강남 남부 벨트 지역은 어디인가. 서초구 내곡동에서 시작해 강남구의 자곡동, 세곡동, 수세역세권을 거쳐 새로 개발된 위례신도시 거여·마천지구, 하남시 미사신도시에 이르는 서울 동부·남부권을 아우르는 지역이다. 이 지역들은 조만간 여러분의 버킷리스트에 오를 것이다. 필자는 이 지역들을 신 강남 남부 벨트로 부르고 있다.

앞으로 아파트시장은 수도권과 비수도권, 수도권도 위치에 따라 가격 차별화가 현저하게 진행될 것이다. 사람들이 선호하는 지역은 이미 정해져 있다. 우리는 현재 가치보다 미래 가치가 기대되는 곳을 선점해 투자해야 한다. 이러한 조건에 가장 부합되는 곳이 바로 이 지역의 아파트이다.

003

용인 아파트 투자 고개를 들어 서쪽을 보라

용인시는 단기간에 도시기반이 만들어진 도시 치고는 발전 속도가 빨라 전국에서 인구 유입속도가 가장 빠르게 진행되는 도시다.

현재 용인시 인구는 100만 명이 넘어섰다. 용인시는 분당을 경계로 하기 때문에 개발된 지 20년이 지나 건물이 낡고 살기가 불편해진 분당 주민들의 거주 대체 지역으로 성장해왔다. 실제로 동천, 죽전, 수지지구는 분당과 경계 지역이기에 이러한 요구에 충실해왔다.

용인시는 수도권에서 단기간에 걸쳐 가장 많은 아파트가 공급된 지역이다. 그래서 그 정체성이 베드 타운이라는 생각이 사람들의 머릿속에 각인되어왔다. 용인시는 거대한 규모에도 불구하고 서울 강남, 분당에 생활편의 시설의 많은 부분을 의존해온 기생도시라는 인식이 강하다. 용인시는 신도시처럼 사전에 도시계획 전반을 기획하고 발전한 도시가 아니다. 그래서 용인시의 개발을 두고 난개발이라고 부르는 것이다.

지금까지 용인시의 발전 축은 베드 타운이라는 정체성에 걸맞게 분당과 근거리에 있고 분당선 개통으로 교통 호재가 있는 그러나 위치적으로 용인시의 중간지대라고 할 수 있는 동천, 죽전, 보정, 마북지구가 아파트 시세를 주도해왔다. 이런 가격 추세는 지금까지 이어지고 있다,

이 지역들은 신분당선 개통으로 강남 접근성이 좋아지면서 용인 아파트시장을 주도하고 있다. 용인시는 자족도시로서의 기능을 갖추기 위해 다양한 지역 내 산업 시설을 유치하려고 하지만 용인시의 아파트들은 앞으로도 서울과 분당을 대체하는 베드 타운이라는 위치에서 벗어나기가 어려울 것이다.

용인시의 서쪽 지역에 해당하는 상현, 성복, 신봉지구는 수도권 남부의 허파라고 하는 광교산을 배경으로 하는 관계로 친환경이라는 측면에서는 이보다 좋은 곳은 없다. 주거공간이 쾌적하고 상대적으로 대형 아파트의 물량이 많이 공급된 이 지역은 노후를 이곳에서 지내려는 강남의 노년층들이 대거 이주해왔다.

부동산 버블기에 이 지역에 공급된 아파트는 거의 대형 아파트였다. 아마 수도권 전체에서 대형 아파트의 공급이 가장 많았던 곳도, 가격이 가장 많이 떨어진 곳도 이 지역이다. 아직까지 그 후유증에서 완전히 벗어난 것은 아니지만 가격이 차츰 바닥에서 서서히 올라오고 있는 중이다. 이곳에 새로 분양된 중소형 아파트는 신분당선 개통 호

재로 프리미엄이 1억 원이상 붙은 곳이 많다.

수도권 아파트, 그중에서 남동부권의 아파트는 강남 중심권으로 이동시간이 아파트의 가격을 결정한다. 용인시의 서북쪽 아파트단지 중에서 최근 들어 가장 많이 가격이 오른 지역인 동천, 성복, 신봉지구는 신분당선 개통으로 인해 단기간에 가격이 크게 올랐다. 베드 타운으로 분류되는 지역은 교통 호재 이상의 호재는 없다. 덕을 본 곳은 동천 성복역 주변의 역세권 아파트였다는 점을 기억할 필요가 있다. 따라서 용인시의 아파트 투자는 지역의 교통 호재를 중심으로 골라야 한다.

용인시의 아파트 시세는 용인고속도로, 신분당선 수혜 지역, 수도권의 교통지도를 완전히 새로 쓰는 수도권 광역 교통망 GTX 용인기착지인 구성지구를 눈여겨볼 필요가 있다.

용인시의 핵심 주거 지역 개발지구는 성복 동천, 신봉지구 등이다. 용인시는 도시인구 100만 명 시대를 열면서 지금까지의 베드 타운이라는 불명예를 씻어내고 자족도시로서의 기능 강화에 도시의 미래 발전을 계획하고 있다. 용인시의 현재 처해 있는 근본적인 문제는 베드 타운으로서의 자족 기능이 현재하게 떨어진다는 것이다. 용인시는 이를 해결하기 위해 GTX 용인역에 기업들이 입주할 수 있는 산업단지를 만들 계획으로 있다. 용인시의 아파트는 신분당선이 통과하는 동천, 성복, 신봉지구가 중심이 되겠지만 GTX역이 들어설 예정으로 있는 구성역 주변의 아파트를 주목 해볼 필요가 있다.

지금까지 용인시는 경부라인을 중심으로 개발이 됐다. 따라서 용인시의 동쪽 지역은 상대적으로 낙후되어온 것이 사실이다. 그러나 서울-세종 간 고속도로를 통해서 동쪽 지역이 개발될 가능성이 있다. 용인시의 동서 간의 발전 간극을 상호 연계하여 향후 발전을 모색하자는 것이 용인시 당국의 방침이다.

용인시의 도시 발전 계획을 참조하지 않을 수가 없으나, 용인시 아파트를 투자하는 입장에서는 상대적으로 낙후되어 있는 동쪽 지역 아파트보다는 교통 호재로 강남 중심권으로의 이동시간이 크게 단축된 광교신도시와 근접한 성북, 신봉, 상현, 수지 지역을 중심으로 투자 물건을 선정하는 것이 경제적이다. 이 지역들은 신분당선 개통으로 단기간 시세가 많이 올랐다. 앞으로 이 지역의 아파트가 부동산시장의 전반적인 악재로 추가 상승할 것인지 아니면 조정 국면에 들어가 다소 가격이 하락할 것인지에 대해서는 많은 생각을 필요로 한다.

용인시에 대한 정확한 판단은 강남권의 확장으로 강남·분당의 대체 거주지를 찾는 인구의 유입이 꾸준히 증가한다는 것이다. 따라서 용인시의 아파트 시세를 주도하는 동천, 죽전, 보정, 성북, 신봉지구 등의 아파트에 투자 계획을 갖고 있는 사람들은 이 지역 아파트의 시세 흐름을 계속 주목해 보아야 한다.

004

신 강남 벨트의 연장 수혜 지역, 송파구 아파트

올림픽종합경기장에서 잠실역까지 일대를 뒤덮고 있던 저층 아파트단지들이 재건축 공사가 완공됨으로써 송파구의 스카이라인이 완전히 다시 그려지는 수준의 도시 변화를 가져왔다. 재건축이 완공된 후 이곳의 아파트단지들은 강남에 이은 새로운 핫 플레이스 단지로 각광받고 있다. 실제 이곳의 아파트단지들의 평당 매매가는 강남과 거의 차이가 없다. 앞으로 이 지역의 아파트단지들은 강남 이상의 거주여건을 갖추게 될 것이다.

잠실 재건축 아파트는 현재 서초, 강남, 송파를 중심으로 하는 강남 벨트의 중심 지역으로의 위치를 확고히 하고 있다. 강남에 투자하고 싶지만 여건이 여의치 않아 투자하지 못한 사람들은 이 지역 아파트 투자를 적극적으로 모색해보기 바란다.

송파구는 남한산성이 병풍처럼 감싸고 있으며 한강, 성내천, 탄천의 물길을 따라 녹지가 펼쳐진다. 서울시에서 최고의 공기를 자랑하는 맑은 공기와 자연친화적 환경으로 다시 태어난 성내천, 도심 속의 유일한 호수공원인 석촌호수와 올림픽공원에 이르기까지 다양한 형태의 친환경 공원을 갖추고 있다. 그래서 송파구의 녹지비율이 서울 최고를 자랑하는 것이다.

송파구는 서울 동남권의 경제 중심축을 잇는 잠실, 위례신도시, 거여·마천 뉴타운, 문정 비즈니스 벨트 등의 굵직한 지역 개발 사업을 통해 서울의 새로운 경제 축으로 부상하고 있다.

송파구는 서울시의 25개 구 중에서 구획 상으로 강남권에 속해 있으면서, 서울의 업무 중심 지역이라 할 수 있는 강남으로 지리적 접근성이 좋아 생활이 편리한 곳이다.

송파구는 관내 재건축 개발, 위례신도시가 입주 예정이기에 미래에 가격 상승이 예상되는 대표적인 곳이다. 흠이 있다면 강남에 버금가는 시세 형성으로 투자의 진입장벽이 높다는 점이다.

송파구는 계속해서 개발 호재가 있는 곳으로 아파트의 평균 가격은 3.3제곱미터당 2,500만 원에서 3,000만 원에 이르고 있다. 송파구는 현시점에도 개발이 진행 중인 곳이 많고 교육환경은 국내 사교육 1번지라는 강남 대치동 학원가로의 이동이 용이하다. 송파구는 올림픽 공원, 잠실 H롯데 타운, 가락시장 등이 있다. 또한 새롭게 개발된 문정동 법조 타운, 장지동에는 동남권 유통단지와 현대백화점 등의 쇼핑 시설이 입주해 있다. 그리고 무엇보다 송파구에서 가장 낙후된 지역으로 평가되어 오던 거여·마천지구의 개발이 본격화되면서 송파구는 새로운 변화의 시기를 맞이하고 있다.

거여·마천지구 현황 분석

송파라는 지명은 고려 시대 이전부터 있었던 것으로 추정되며 소나무가 많은 언덕이 있다고 해서 송파라는 지명이 붙었다.

송파 지역은 한강 연안에 위치한 지리적 여건으로 인하여 선사 시대부터 신석기인들이 거주했던 지역으로, 고대국가 설립과 함께 고조선의 생활터전이 되기도 했으며 백제의 시조 온조왕부터 21대 개로왕까지 약 493년간 백제의 수도이기도 했다. 4세기 후반 신라가 삼국을 통일하는 7세기 후반까지 한강 지역은 백제, 고구려, 신라의 영토전쟁이 심했던 곳이다.

송파구는 예전에 송파동(송파, 석촌, 가락), 왕천동(방이, 오금), 개운동(장지, 문정, 거여, 마천)으로 크게 구분되어졌고, 현재는 이것이 세분화되어 12개 동으로 분화되어 있다.

송파는 잠실의 중심이라고 할 수 있는 송파구청을 중심으로 지하철 2호선과 8호선이 지나가고 있으며, 지하철 5호선과 3호선도 관내를 통과하고 있다. 더불어 서울시의 25개 구 중에서 인구가 가장 많은 구이기도 하다.

거여·마천 뉴타운은 약 3만 평(1,043,843제곱미터)의 지역을 계획형 주거단지로 개발하는 주거단지 조성 사업이다.

거여·마천지구는 위례신도시와 거여역을 기준으로 거여1단지아파트 동선과 불과 2,500제곱미터 거리로 매우 가깝다고 할 수 있다. 거여·마천지구는 역세권 중심으로 아파트단지가 형성되어 있다. 마천역을 기준으로 주변 아파트는 금호타운아파트, 현대그린빌아파트가 있으며 대부분이 주택과 빌라로 구성되어 있다.

금호타운아파트(199세대) 24평형은 평당 가격이 1,800만 원에 시세가 형성되어 있다. 마천지구는 재개발 정비지구로 이미 공사가 시작됐고 개발축은 위례신도시까지 연장된다.

송파구의 거여동과 마천동은 위례신도시의 개발과 재개발 촉진지구로 인한 가격 상승이 이미 가격에 다 반영돼 있는 상황이다. 그러나 아직 가격 상승의 여력은 남아있다. 하지만 전세가가 매매가를 받쳐주지 못해 투자금이 많이 들어간다는 단점이 있다.

거여·마천지구 투자를 생각할 때 고려할 사항은 우선 거여동과 마천동이 송파구에서 어느 정도의 위치에 있으며, 어떤 요소들에 의해 가격이 영향을 받을 것인지를 예측하며 살펴봐야 한다.

노후하고 정리가 되지 않았던 거여동 일부 지역과 마천동 지역은 무엇보다 위례신도시가 제자리를 잡아가면서부터 위례신도시와 함께 그 가치가 반영될 것이다. 앞으로 송파구의 남부 지역인 위례신도시, 문정동, 거여·마천지구는 송파구 남부 벨트를 구성하는 핵심 개발축이 될 것이다.

송파대로를 사이에 두고 개발된 위례신도시

위례신도시는 6,771제곱키로미터의 면적에 16,747세대, 4만 1,000명의 인구가 사는 미래형 웰빙도시로 개발이 종료됐다. 위례신도시는 송파구 장지동, 거여동, 성남시 창곡동, 하남시의 학암동 일대에 개발된 곳이다. 2008년 8월 본격적으로 개발을 시작하여 2017년 12월 개발을 완공했다.

위례신도시는 장지동 동남권 유통단지와 송파대로를 사이에 두고 있는 지역적 위치로 인해 범 강남권으로 볼 수 있다. 위례신도시는 마곡지구와 함께 서울시에서 마지막으로 개발된 대규모 신도시라고 할 수 있다. 위례신도시는 자동차로 이동 시 10분 이내에 수서 역세권으로 진입이 가능하다. 또 남한산성을 등지고 개발되어 자연친화적인 환경을 갖춘 곳이다.

위례신도시는 현재보다 미래의 가치가 기대되는 대표적인 곳이다.

005

개발이 본격화되고 있는 한강 핵심 축선상의 용산, 한남, 성수지구

서울의 핵심 개발축은 강남과 한강을 사이에 두고 개발이 진행 중인 소위 한강 벨트 축선상의 마포, 용산, 한남, 성수지구다. 현재 이곳은 신분당선 연장, 용산미군기지 이전 등의 호재로 신고가를 다시 쓰며 서울에서 강남을 대체하는 지역으로 각광받고 있다. 현재 이곳의 시세는 단기간에 많이 오른 상태이나 서울의 개발축이 강북의 한강 벨트로 확장되고 있다는 측면에서 미래의 성장이 기대되는 곳이다.

강남 3구와 함께 핵심 개발축으로 평가 받아오던 마포, 용산, 한남, 성수지구는 한동안 강남에 비해 저평가되어 왔던 것을 뒤로 하고 서서히 옛 영화를 찾아가고 있다. 이러한 발전이 있기까지는 한남 뉴타운의 본격적 사업 추진과 강남-용산 간의 신분당선 연장선 공사가 시작된 것과 관련이 깊다.

2000년대 중반 광풍이 불었던 강북 재개발·뉴타운 사업의 핵심 중에 핵심은 한강 벨트 흑선상의 용산·한남·성수지구였다. 이 중에서도 한남 뉴타운과 성수 전략 정비구역은 최고의 가치로 평가 받아 오고 있다. 한남과 성수지구는 한강을 경계로 강남의 핵심 지연인 잠원, 신사, 압구정, 청당동과 마주하고 있는 최상의 입지 조건이다.

한남 뉴타운은 그 동안의 부진을 털어내고 개발이 본격화되는 시점에 들어섰고 서울 강북 재개발 지역 중에서 유일하게 충고가 50층까지 개발이 가능한 성수 전략 정비구역은 강남을 넘어서는 미래가치가 있는 곳으로까지 평가되고 있다.

한남 뉴타운, 성수 전략 정비지구는 이미 가격이 상당히 올라 있는 상태다. 그러나 가격 상승곡선이 누상향의 기울기를 보이고 있어 신고가를 계속 갱신하는 것을 보면 아직까지도 상승 여력이 있다고 보여진다.

현재 대한민국 부동산시장은 인구절벽 현상에도 불구하고 지역 간 인구 비대칭성으로 인해 핵심 개발 지역과 비핵심 개발 지역 간의 양극화가 현저히 진행 중에 있다.

만약 내가 부동산을 매입하는 목적이 살기 좋은 집촌을 찾는 것이 아니라 투자가 목적이라면 현재의 가격을 보지 말고 미래의 가치에 투자하라고 권하고 싶다. 미래 용산·한남·성수지구는 최고가가 될 지역임이 분명하다.

006

강남 재건축단지의 반사 효과 지역, 송파구 재건축단지

강남의 11곳에 이르는 주요 재건축단지들이 정부의 재건축 초과 이익환수제의 영향으로 주춤거리면서 강북권의 재건축단지들과 송파구의 스몰 사이즈 재건축단지들이 주목을 받고 있다. 이에 따라서 서울의 재건축 아파트단지의 지도가 바뀌고 있다.

송파구 재건축 바람이 잠실을 넘어서 동남권 지역인 가락, 문정, 오금, 송파동으로 확산되면서 이 지역 집값이 들썩이고 있다. 송파구에는 1970~198년대에 지어진 아파트단지가 많다. 이 가운데 17개 단지 8,194가구가 재건축을 추진 중에 있다. 가구 수로 강남에 이어 2번째로 많다. 지금까지 잠실을 중심으로 이뤄지던 송파구 재건축 사업이 이제는 가락동과 문정동, 방이동으로 확산되고 있다. 특히 이 일대에만 재건축연한인 30년을 넘긴 아파트가 12개 단지에 7,900세대가 넘고 있다.

2017년 11월 1일 국토부 실거래 공개 시스템에 의하면 가락극동아파트는 2016년 7억 7,500만 원보다 1억 2,500만 원 오른 가격에 거래됐다. 가락 삼환아파트는 2017년 8월 7억 4,000만 원에 거래되어, 2016년 8월 6억 4,700만 원과 비교해 1억 원 정도 올랐다.

서울시 도시계획위원회는 가락 극동아파트와 가락 삼환아파트, 가락1차현대아파트 재건축 정비 계획을 승인했다.

555가구의 극동아파트는 재건축 후 1,070가구로, 648가구의 삼환아파트는 1,082가구로, 514가구의 가락1차현대아파트는 915가구로 재건축된다. 재건축 사업 추진 속도가 빠른 이들 단지 이외에도 송파동 한양2차아파트가 2017년에 조합 설립 인가를 받고 2018년에 사업 시행 인가를, 2020년에 관리 처분 인가, 2013년에서 2024년 준공과 이주를 계획하고 있다.

가락삼익맨숀은 2017년 9월 21일 정비구역 지정이 확정고시됐다.

단독주택 재건축 사업 중에는 송파구 문정동 136번지 일대 재건축 사업이 2018년에 서울시의 인가가 결정될 예정이다. 이 사업은 지하 2층 지상 18층 아파트 1,246가구로 개발되며 총 공사대금은 2,462억 원에 이른다.

이밖에 오금동 143번지 1,266가구와 송파동 100번지 560가구는 단독주택 재건축추진위를 구성해 조합을 설립 중에 있다.

잠실을 주 무대로 삼아왔던 송파구의 재건축이 가락동, 문정동, 오금동, 송파동 등 동남권으로 번지면서 송파구의 재건축 지도가 바뀌고 있는 것에 주목하자.

007

뛰어난 거주 여건으로 재평가되는 한강신도시

김포 한강신도시는 가격 대비 주거환경이 쾌적해 젊은 부부들이 선호하는 지역으로 각광받는 곳이다. 한강신도시는 서울과 경계로 하고 있고 평지에 건설된 신도시다. 마곡산업단지와는 자동차로 40분 이내로 갈 수 있는 곳으로, 이곳에 직장을 두고 있는 실수요자에게는 궁합이 맞는 곳이다. 한강신도시는 제대로 된 계획도시로 한강 수변 환경의 천혜적인 자연경관이 뛰어나다.

수도권의 아파트 가격은 최종적으로 서울 진입시간이 얼마나 걸리냐에 따라 결정된다고 해도 과장이 아니다. 한강신도시는 김포도시철도의 건설로 서울 진입시간이 많이 단축됐고, 최근 한강신도시가 주목받고 있는 것도 이 부분이 반영된 것이다. 한강신도시는 신규 아파트의 공급과 상대적으로 낮은 가격 유인 효과로 젊은 층의 인구유입이 많은 곳이다.

한강신도시는 신규 공급된 새 아파트가 다수를 이루고 있음에도 1기 신도시와 비교해 상대적으로 낮은 시세가 형성되고 있다. 이유는 여러 가지가 있겠지만 입시와 관련한 사교육 인프라가 아직 미비한 것이 큰 이유이다. 이 부분만 보충된다면 가격 대비 주거여건이 이보다 좋은 지역은 찾기 어렵다.

표 2. 한강신도시 평당 매매가

동	매매가
운양동	1,159만 원
장기동	950만 원
마산동	918만 원
구래동	974만 원
고촌읍	1,063만 원
북변동	820만 원
사우동	793만 원
풍무동	755만 원
감정동	728만 원
양촌읍	709만 원

한강신도시의 운양동, 장기동 일대는 2008년 이후 지속적으로 가격 상승이 있었다. 현재 운양동의 시세는 장기동에는 미치지 못 하고 있지만 신규 아파트 공급이 최근 늘고 있어 시간이 지나면 서울과 지

리적으로 가까운 운양동이 오를 가능성이 있다.

008

마곡지구

서울의 서부권 개발역사에서 마곡지구가 차지하는 위치는 절대적이다. 마곡지구는 서울시의 외곽 지역에 불가했던 강서구를 단번에 격상시켰다. 마곡지구는 서울시의 마지막 택지개발지구라는 점에서 여론의 주목을 받아온 지역이다. 마곡지구의 첫 분양은 2013년에 시작됐다. 그러나 기대와는 달리 미분양이 발생했다. 2013년 초에는 아직 부동산시장이 상승하기 이전으로 송파구의 위례신도시가 같은 시기에 분양을 시작한 것이 영향을 미쳤다.

마곡지구의 교통인프라는 최고 수준이다. 서울지하철 9호선이 개발에 맞춰 개통됐고, 인천공항철도가 있어 서울 강북과 강남의 핵심 구역을 빠른 시간에 이동할 수 있다. 그리고 서울 수도권에 개발된 택지지구의 대부분이 베드 타운으로 건설된 것과 다르게 마곡지구는 서울시내에 위치함에도 불구하고 대기업을 중심으로 하는 산업클러스트가 조성 중이다. 이에 따라서 인구유입도 증가하고 있으며 한강변을 끼고 있는 천혜적인 자연경관도 장점이 되고 있는 지역이다.

마곡지구는 택지개발지구로 인해 상대적으로 분양가가 낮았다. 분양 당시 85제곱미터의 분양가가 평당 1,500~1,700만 원 수준이었다. 그런데 2017년에 가서는 평당 호가가 3,000만 원으로 2배가 뛰었다. 만약 분양시점에 마곡지구에 투자하였다면 만 4년이 안 되는 기간 동안 분양가 대비 100퍼센트의 수익률을 올린 것이라 할 수 있다.

2013년 마곡지구 분양 당시엔 투자금이 모두 없어도 이곳의 아파트를 분양 받을 수 있었다. 마곡지구는 후분양제였기 때문에 투자 목적으로 매입해서 전세를 놓는 경우 1억 원의 투자금으로 분양을 받을 수가 있었다. 결과적으로 마곡지구 분양 아파트의 분양가가 5억 원이라고 가정했을 때 1억 원의 투자금으로 만 4년 후 5억 원의 시체 차익을 얻어 500퍼센트의 수익률을 올린 결과가 된다. 이 혹독한 저금리의 시대에 과연 어느 곳에 투자해 이 같은 수익을 낼 수가 있단 말인가.

009

평촌신도시

평촌신도시는 경기도 안양시 동안구 평촌동, 비산동, 호계동 일대에 조성된 1기 신도시로 노태우 정부 시절 수도권 1기 신도시 계획에 의해 건설됐다. 1기 신도시 중에서 중동신도시와 산본신도시와 동시에 개발된 곳으로, 해당 지역은 1914년까지는 과천군 성서면에 해당된다. 평촌신도시 개발 이후 안양시의 인구는 70만 명으로 급증하였다.

평촌신도시는 도시 전체가 사각형의 번듯하고 깔끔한 격자형 도시 구조를 형성하고 있다.

동서로 뻗은 왕복차로의 시민대로를 따라 안양시청을 비롯한 관공서와 공공기관, 상업, 업무지구 들이 배치되어 있고 신도시 중심부에

중앙공원이 조성되어 있다. 단점이라면 평촌신도시의 범계역을 지나는 동안로가 상대적으로 좁게 건설된 점이다.

평촌신도시의 교통여건은 지하철 4호선이 도시의 중심부를 지나 동서로 관통하도록 지나고 있으며, 평촌역과 범계역 2개 역이 관내를 통과한다. 서울외곽순환고속도로가 도시의 남쪽을 동서로 관통하도록 건설되었다.

평촌신도시에는 수도권 첨단산업의 허브 역할을 하는 평촌스마트스퀘어, 석수스마트타운, 관양스마트타운 등 3개 첨단산업단지에 120개 기업들이 입주되어 있다. 구 대한전선 부지에 조성되는 평촌스마트스퀘어에는 8개 기업이, KTX 광명역사 인근의 석수스마트타운에는 100여 개 기업이, 그리고 관양스마트타운에는 한독약품 등 10여 개 기업이 입주를 앞두고 있다. 안양시는 모든 기업이 입주할 경우 8,500명의 고용 효과와 925억 원의 세수 증가를 기대하고 있다. 생산유발 효과도 7조 8,000억 원에 이른다고 한다.

평촌신도시는 지하철 4호선을 이용할 경우 사당역에서 20분, 강남과 서울역까지는 30분 이내에 이동할 수 있다. 평촌신도시는 서울외곽순환도로, 제2경인고속도로, 서해안고속도로, 영동고속도로, 경부고속도로로 20분 이내에 진입할 수 있는 교통의 요지이다. 강남, 분당, 안산, 부천, 여의도, 송파, 인천, 일산도 30분 이내로 진입이 가능하다.

010

교통혁명으로 가치가 급상승하는 남양주택지지구

남양주시는 서울의 동북부에서 남부에 이르기까지 넓은 면적을 경계로 하는 수도권의 대표적인 복합도시이다. 남양주시는 수도권 지역의 단일 시로는 가장 많은 택지개발이 이루어진 곳이다. 기존에 개발된 덕소, 호평, 진접, 진건신도시와 더불어 최근에 개발된 다산, 별내신도시에 이르기까지 남양주시의 택지지구들은 천혜적인 자연환경과 더불어 한강변을 끼고 있다는 최상의 경광을 갖고 있으면서도 상대적으로 저평가되어온 것이 사실이다. 수도권 아파트들의 가격은 서울과의 거리상 위치와 이동시간이 가격 형성에 결정적 역할을 한다. 남양주시는 서울과 대부분의 지역이 경계로 하고 있음에도 그 동안 저평가되어온 이유는 대중교통망이 미비했기 때문이다.

그러나 최근 남양주시는 혁명적이라고 할 수 있을 정도로 서울 이동 교통망이 전체적으로 좋아지고 있어 이동시간도 크게 단축될 것으로 예상되고 있다.

남양주시는 수도권 전체 지역에서 추진되고 있는 수도권 광역 교통망인 GTX의 개발 이외에도 8호선 별내선 연장구간 개통, 4호선 진건선 연장선 개발, 경춘선 복선전철화 사업 등의 호재로 교통망이 현저하게 개선되고 있다. 교통망 개발의 효과로 남양주시의 서울 접근성은 출퇴근시간 기준으로 기존의 절반에 가까운 시간이 단축된다.

수도권에 개발된 아파트단지들은 거의 대부분이 서울의 위성도시로서 베드 타운 역할을 한다. 베드 타운의 결정적 가격 상승 유발 효과가 무엇이겠는가. 바로 서울 진입에 따른 이동시간의 단축이다. 현재는 수도권 아파트시장 전체가 공급 과잉에 의한 가격 조정기간으로 숨 고르기 중이다. 그러나 이 기간이 끝나면 교통 호재 다발 지구인 남양주시의 택지개발지구는 아파트 가격을 다시 써갈 것이 분명하다.

신혼부부, 실수요자들은 아직까지 상대적으로 저렴한 이 지역의 아파트를 투자 대상으로 삼기 바란다.

남양주시는 수도권에 개발된 신도시와 다르게 도시 전체가 도농지역이라는 특성이 있다. 자연과 도시가 어우러진 최적의 환경 조건을 갖추고 있다. 남양주시는 이러한 조건에도 불구하고 교통망의 미비로 저평가되어온 대표적 지역이었다.

한강을 사이에 두고 서울 강남과 마주서고 있지만 교통망의 미비로 거리에 비해 이동시간이 길었다. 그러나 GTX가 개통되면 남양주시에서 서울 강남과의 이동시간이 30분 이내로 단축된다. 이 정도로 이동시간이 단축된다면 미래에 남양주시는 준 강남권으로 분류될 수 있을 것이다. 실제 남양주시 거주자 중 대부분이 강남에 직장을 두고 있다. 미래에 획기적인 발전이 예상되는 그러나 아직까지는 저평가된 남양주시를 주목해보자.

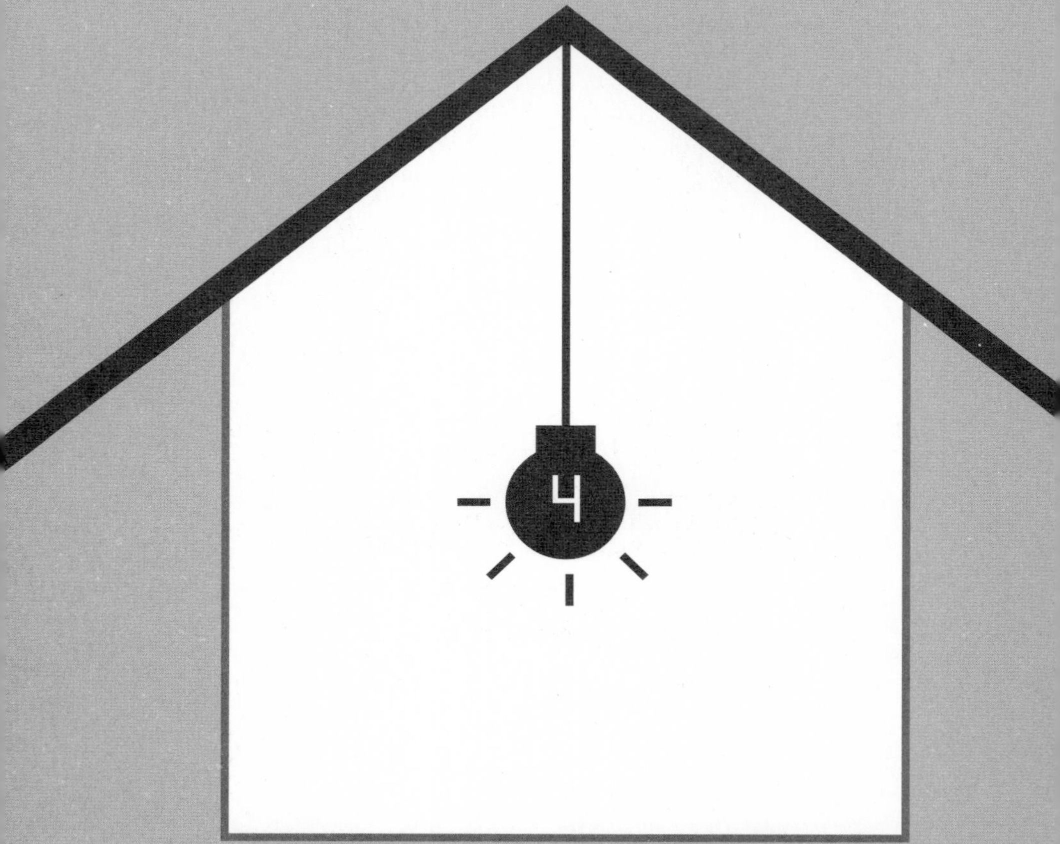
4

정부의 부동산 정책과 대응전략

001

뜬금없는 정부의 공급 확대 정책

정부는 무주택, 서민 수요자들을 위해 2022년까지 앞으로 5년간 공공주택을 공급하겠다고 발표했다. 이 정도의 발표 내용이라면 부동산시장이 들썩거려야 한다. 그런데 시장의 반응은 의외로 냉담하다. 그 동안 정부는 수시로 강력한 부동산 정책을 내놓았다. 그러나 이번의 공공주택 공급 확대 정책은 정부의 강력한 부동산 정책의 역방향에서 추진되는 것으로 시장은 정부의 진정성을 의심하고 있는 중이다. 과연 5년간 100만 호 주택 공급을, 그것도 수도권에 120조 원에 이르는 정부예산을 투입하여 건설한다는 것이 어찌 생각해 보면 현실성이 없어 보인다.

아무튼 정부는 공공임대주택 85만 호, 공공분양주택 등 100만 호 중에서 청년임대주택으로 19만 호(25만 실), 신혼부부 공공임대주택

20만 호, 고령자임대주택 5만 호, 저소득층 일반가구 41만 호, 공공임대주택 27만 호, 공공지원주택 14만 호 등을 건설하겠다고 하니 향후 지켜봐야 할 일이다.

그런데 걱정스런 일이 한두 가지가 아니니다. 우선 이 많은 공공주택을 건설할 정도의 땅이 확보되겠는가. 5년간 100만 호의 주택을 지으려면 정부의 말대로 120조 원의 예산이 들어간다. 특히 이번 공공주택 100만 호 공급 정책은 수도권 남부 지역의 동탄, 남양주의 택지개발지구 등 수도권 외곽 지역에 많은 물량이 배정되었다. 서울 지역은 수서역세권의 620가구, 중랑구 양원지구 385가구가 전부다. 위례신도시, 과천, 성남시 금토지구 등은 개발제한 구역을 풀어 택지 공급을 한다고 한다. 아파트에 당첨된 사람들에게는 많은 특혜가 돌아간다.

그 외 지역으로는 파주 운정 500가구, 의정부 고산 900가구, 남양주 진접 2지구 3,153가구, 구리 갈매역세권 1,798가구, 남양주 진건 1,589가구, 고양 지축 593가구, 과천 주암 1,842가구, 과천지식정부타운 664가구, 부천 원동 624가구, 부천 괴안 656가구, 하남 강일 660가구, 위례신도시 400가구, 성남 복정 1,173가구, 시흥 장현 2,269가구, 군포 대야미 1,343가구, 의왕 고천 857가구, 의왕 소평 563가구, 의왕 철암 1,009가구, 수원 당수 2,021가구, 용인 언남 1,147가구, 화성 봉담 2,481가구, 화성 동탄 2,000가구, 평택 고덕국제화계획지구 1,000가구 등이 획정된 지역이다. 이 지역 외에도 추가로 개발제한 지역을 풀어서 새로 40여 개 신규 공공주택 용지를 개발해 100만 호 주택 공급을 이행하겠다는 것이다. 정부가 갑자기 왜 이러한 대규모 주택 공급 정책을 무리해서 추진하는지 의문이 든다. 정부가 공급하려고 하는 지역은 계획에 그치고만 2009년의 수도권 보금자리 지역과 겹치는 곳이 많다.

표 3. 주택 100만 호 공급계획 (단위: 만 호)

구분	2018년	2019년	2020년	2021년	2022년	합계
공공임대	13	13	13	13	13	65
공공지원	4	4	4	4	4	20
공공분양	1.8	2.9	2.9	3.5	3.9	15
합계	18.8	19.9	19.9	20.5	20.9	100

정부의 공공주택 100만 호 건설이 현실성이 없다고 생각되는 것이 지금 당장 공사를 시작해도 2020년대 중반에 가서야 입주를 할 수가 있기 때문이다. 과연 2022년까지 얼마나 공급이 이뤄지겠는가. 정부의 100만 호 주택 공급은 시장에 공포감만 주는 결과로 용도 폐기될 가능성이 농후하다고 하겠다.

002

주택임대 사업자, 등록해야 하나 말아야 하나

정부의 임대주택활성화 방안에 따르면 2018년 4월 1일부터 조정대상 지역은 인상된 양도세 기본세율을 적용하고 있다. 따라서 생계형 임대사업자들마저 임대사업자 등록을 해야 하나 말아야 하나의 문제로 고민을 하고 있다. 과연 어떻게 하는 것이 좋을까.

주택임대사업자 등록을 하면 임대소득을 다른 소득과 합세해 과세가 되는 것이 아닐까 걱정이 될 것이다. 주택임대사업자의 임대주택 등록 후 발생하는 임대수익은 사업소득으로 부류하여 근로소득과 다른 소득을 합산된 금액을 가지고 세금을 납부하는 합산과세가 적용된다. 따라서 소득이 전부 노출되어 이것을 근거로 합산과세되기 때문에 소득이 많은 사람들은 아무래도 임대주택사업자 등록을 기피하게 된다. 앞으로 이들의 주택임대사업자 등록을 유도하기 위하여 어떠한 인센티브를 부여할 것인지 주택임대사업을 하는 사람이라면 관심을 가질 수밖에 없을 것이다.

현재 주택임대사업자의 주택임대소득세는 1채 이상 임대 시 2019년 12월 31일까지 세금감면 혜택이 있다. 2,000만 원 이하의 주택임대소득은 비과세 혜택이 2018년 말까지 유예되고 있지만 임대주택 등록을 유도하기 위해 이 기간이 앞당겨질 수 있다.

주택임대사업자 등록으로 발생하는 시세차익에 대하여는 양도소득으로 분류해 근로소득 등의 다른 소득과 합산하지 않고 시세차익으로 발생한 금액에 한해서 양도세만 부과한다.

정부는 등록을 유도하기 위해 조정 대상 지역에 해당하는 다주택자의 양도소득세 중과세 및 장기보유특별공제 배제 대상에 등록된 임대주택을 제외하는 혜택을 주겠다고 한다.

직장가입자의 건강보험료는 당해 연도에 받은 보수총액과 근무월수를 기준으로 산정된다. 지역가입자는 가입자의 소득, 재산, 자동차 등을 기준으로 건강보험료가 산정된다. 따라서 지역가입자는 보유주택이 많아질수록 건강보험료를 많이 내야 한다. 이 부분이 지역가입자가 주택임대사업 등록을 기피하는 이유 중 하나다.

직장을 다니면서 주택임대사업자 등록을 해도 직장에서 받는 연간 보수 외 소득이 7,200만 원을 넘지 않으면 소득보험료 부과가 면제된다. 이는 사업자 등록 후 늘어나는 소득이 연간 7,200만 원이 넘지 않으면 직장에서 내는 건강보험료에는 변동이 없다.

직장에 다니지 않고 지역가입자에 해당되는 사람은 주택임대사업자 등록을 하면 건강보험은 그대로 지역가입자가 된다. 지역가입자는 가입자의 소득과 재산, 자동차 등을 기준으로 건강보험료가 계산됨으로 보유 임대주택이 많아질수록 이와 비례해서 건강보험료를 많이 내게 된다.

정부는 임대주택사업자 등록을 유도하기 위해 세제, 기금, 사회보험 등과 관련된 인센티브를 주는 주거 복지 로드맵을 통해 발표하겠다고 한다. 다주택자와 투자자의 수요에 대해서 억제된 물건, 대출, 세금 관련 부담을 덜어주고 자발적인 등록을 유도할 수 있는 강력한 정부의 유인 정책이 나와야 한다.

주택임대사업자 등록 시 혜택

1. 구분 세제 혜택

- 취득세

  60제곱미터 취득세 면제(신규분양 포함)

  임대기간 : 준공공 8년, 일반 4년

- 재산세(2채 이상 구입 시)

  준공공 : 전용 40제곱미터 이하 면제, 전용 40~60제곱미터 이하 75퍼센트, 60~85제곱미터 이하 50퍼센트 감면

  일반 : 전용 60제곱미터 이하 50퍼센트, 85제곱미터 이하 25퍼

센트 감면

임대기간 : 준공공 8년, 일반 4년

- 소득세(법인세·임대소득세)

법인세·임대소득세 감면(3가구 이상) : 준공공 75퍼센트 감면, 3층 이상 30퍼센트 감면, 전용면적 85제곱미터 이하, 공시 가격 6억 원 이하

임대기간 : 준공공 8년, 일반 4년

- 소득세(양도소득세)

양도소득세 : 준공공 임대주택 양도소극세 100퍼센트 감면, 전용면적 85제곱미터 이하, 공시 가격 6억 원 이하

임대기간 : 준공공 8년, 일반 4년

- 장기보유 특별공제 확대

6년 이상 임대 연 2퍼센트 추가 공제

준공공 8년 이상 임대 50퍼센트 공제, 10년 이상 임대 70퍼센트 공제

임대사업자의 거주주택 이용 시 1세대 1주택 비과세

- 종합부동산세

종합부동산세 비과세

공시 가격 수도권 6억 원 이하, 지방 3억 원 이하, 5년 이상 임대

주택임대사업자로 등록하면 보유 임대주택에 대한 취득세, 재산세, 지방세 감면 외 임대소득에 대한 소득세가 30퍼센트 또는 75퍼센트 감면되고, 5년 이상 장기 임대를 할 경우에는 양도소득세 감면 및 종합부동산세 비과세 혜택을 받는다.

003

부동산 대출 규제의 거의 모든 것

은행권의 여신심사 가이드라인이 발표된 시점이 2015년이었다. 이 시기부터 주택 담보대출에 대한 규제가 서서히 진행되어 왔다고 할 수 있다.

기존의 주택 담보대출은 원금은 상환하지 않고, 이자만 불입하는 것이었다. 그러나 이 시점부터 주택 담보대출은 처음부터 빚을 나누어 갚는 원리금 균등 상환방식으로 바뀌게 되었다. 기존에는 주택 담보대출을 받았어도 이자만 불입해 부담이 적었다. 만기 전에 주택 담보대출을 일시에 상환하면 되었다. 집을 매도한 후 발생한 시세차익으로 또 다른 부동산을 매입하는 선순환의 고리가 이어졌다. 그러나 지금은 이 고리가 끊어졌다.

은행의 여신심사 건전화 가이드라인은 은행뿐만이 아니라 저축은행, 마을금고 등에서도 시행되고 있다.

LTV와 DTI

LTV는 Loan to value ratio의 약어로 주택 담보대출 비율을 말하는 것이다, DTI는 Debt to income의 약어로 총 부채 상환 비율을 말하는 것이다. DTI는 자신의 연간소득액에서 연간 상환해야 하는 대출금의 비율을 규제하는 것이다.

주택 담보대출 기간을 장기로 할 경우 연간 갚아야 하는 상환액이 줄어들면서 더 많은 돈을 빌릴 수가 있었다. 만약 DTI 비율이 60퍼센트라고 가정하면 연간소득이 1억 원인 사람은 연간 갚아야 할 상환액이 초과되지 않도록 대출규모를 제한한다고 보면 된다.

LTV와 DTI의 비율이 높을수록 갚아야 할 대출금액이 많아지고 이 비율이 낮을수록 갚아야 할 대출금액이 적어진다.

정부의 8·2 부동산 대책으로 다주택자에 대한 LTV·DTI 비율을 투기 지역 각각 30퍼센트, 조정 대상 지역 각각 50퍼센트와 40퍼센트, 그 외의 지역에서는 각각 60퍼센트와 50퍼센트로 낮추었다.

표 4. 8·2 대책과 강화된 LTV·DTI 비율

구분		LTV	DTI
투기 과열지구 및 투기 지역	실수요자	50%	50%
	주택 담보대출 미보유	40%	40%
	주택 담보대출 1건 이상	30%	30%
조정 대상 지역	실수요자	70%	60%
	주택 담보대출 미보유	60%	50%
	주택 담보대출 1건 이상	50%	40%
조정 대상	실수요자	70%	60%
	주택 담보대출 미보유	70%	60%
	주택 담보대출 1건 이상	60%	50%

10·24 가계부채 종합 대책과 신 DTI

신 DTI는 개인이 보유하고 있는 대출총액을 최대한 포괄적으로 반영하는 새로운 대출 규제 정책이다

주택 담보대출을 최소 2건 이상 보유한 개인의 경우 DTI 비율 적용 시 기존 주택 담보대출 원리금 상환부담 전액을 반영한다. 이에 반해 신 DTI는 기존의 주택 담보대출 모두를 합산하여 원리금을 반영한다.

신 DTI는 모든 주택 담보대출의 원리금을 모두 반영하는 계산방식으로 두 번째 대출부터는 DTI 비율 산정 시 만기를 15년으로 제한하여 DTI 비율이 같다고 해도 실제 받을 수 있는 대출금액은 예전과

비교해 줄어들 수밖에 없다. 그리고 2018년 하반기에는 은행권 이외에도 카드사, 대부업체에 이르기까지 모든 대출금액을 합산하여 대출금을 제한하는 총체적 부채 상환 비율인 DSR Debt Service Ratio이 적용된다.

신 DTI와 DSR의 비교

신 DTI : 모든 주택 담보대출 원리금 상환액 + 기타 이자 상환액 (연간소득 기준)

DSR : 은행을 포함한 모든 금융회사의 대출금 합산 (연간소득 기준)

004

서울 노후 아파트 100만 가구 시대의 재건축

서울 수도권에는 입주한지 20년이 넘는 노후 아파트가 100만 가구가 넘는다. 정부는 8·2 대책으로 재건축조합원 지위 양도를 금지하고 있다. 또 2018년부터는 재건축 초과 이익환수제를 시행하면서 강남 아파트 이외에 서울과 경기도 인구 70만 명 이상의 도시의 재건축 아파트단지들이 주목을 받고 있다.

아파트는 건축 개발이 종료되고 향후 적절한 보수만 해주면 사는 데는 불편함이 없었다. 그러나 건축 연령이 30년이 넘어가면 건물의 노후화로 안전에 심각한 문제가 발생한다.

통계청에 의하면 서울 아파트 총 164만 1,383가구 중 37.4퍼센트에 해당하는 61만 350가구가 준공 20년 이상된 노후 아파트다. 앞으로 3년 후인 2021년이 되면 문제는 더 심각해진다. 지난 5년간 평균치를 기준으로 매년 3만 가구 이상 늘어난다고 가정하면 2012년 기준 서울 아파트 수는 179만 가구가 된다. 이 중에서 준공 20년 이상인 노후 아파트는 95만 가구까지 늘어나게 된다. 즉 서울 전체 아파트에서 준공 20년이 지난 노후 아파트가 전체의 절반에 이른다는 것이다.

분당, 일산, 평촌, 산본, 중동 등의 1기 신도시 아파트의 노후도 매우 심각하다. 2016년 말을 기준으로 1기 신도시의 준공 20년 이상된 아파트는 총 2만 4,949가구로 전체의 5퍼센트도 되지 않는다.

노후 아파트 물량이 많고 새 아파트에 대한 선호도가 높아지면서 정부는 주거 복지 로드맵을 통해 2022년까지 주택 100만 가구를 공급할 것을 발표했다. 세대, 계층별 맞춤형 주거지원을 위해 향후 5년간 청년임대 19만 가구, 신혼부부 공공임대주택 20만 가구, 고령자 공공임대주택 5만 가구, 저소득층 임대주택 41만 가구를 짓는다. 이를 위해 수도권 개발제한 지역을 풀어 공공 택지 40여 곳을 조성하기로 했다. 정부가 대규모 주택 공급을 위해 그린벨트를 해제하는 것은 2008년 9월 이후 10년 만이다.

정부가 그 동안의 수도권 억제 정책에서 공급 확대로 방향을 전환했다는 것은 긍정적이기는 하나 서울 핵심 지역이 아니라 수도권 외곽에 공급량이 집중되어 있어 어느 정도 효과가 좋을지는 미지수다. 수도권 외곽 지역에 물량을 늘리는 것은 정작 실수요자가 선호하는 서울 물량이 부족한 만큼 집값 안정을 기대하기 어렵다. 노후주택을 줄이려면 재건축, 재개발 규제를 대폭 풀고 리모델링에 대하여도 인센티브를 주는 정책이 필요하다.

대도시의 구도심 슬럼화가 심각하다 그린벨트를 풀기 전에 도시 슬럼화 문제를 해결하는 것이 시급하다. 그러기 위해선 20년 이상된 고층 아파트는 빨리 처분하는 것을 생각해봐야 한다. 용적률을 높여 건물을 더 올려봐야 분담금만 늘어나기 때문에 허무는 것이 더 경제적일 수가 있다.

005

임대주택 활성화 방안에 대한 대처법

서울에서 주택을 3채 보유하고 있는 A는 전용면적 84제곱미터, 59제곱미터에 해당하는 주택을 임대해 연간 2,000만 원의 임대소득을 올리고 있다. 이런 처지에 있는 A가 임대사업자로 등록하지 않을 경우 매년 1,205만 원의 세금을 내야 하지만 임대사업자로 등록을 하면 세금은 270만 원으로 줄어 연간 935만 원을 절세할 수 있게 된다.

국토교통부가 2017년 12월 13일 임대주택 활성화 방안을 발표하면서 제시한 시뮬레이션 결과다.그러나 이 자료는 임대주택사업자 등록 효과를 뻥튀기한 것으로 작위적인 해석이다.

우선 국토교통부는 A가 주택을 신규 매입해 취득세를 내야 하는 사례를 예시로 제시하였다. 그러나 현 정부의 12·13 임대주택 활성화 방안은 기본적으로 기존 다주택자들의 임대사업자 전환을 유도하기 위한 것이다.

따라서 주택을 새로 구입할 일이 없는 사람은 취득세를 낼 일이 없다. 특히 주택을 매도하는 경우에 부과되는 양도세까지 절세 효과에 포함시키고 있다. 이를 위해 10년간 서울의 평균주택 가격 상승률 5퍼센트를 감안해 8년 동안 주택 가격이 20퍼센트 상승할 것을 가정해 양도세를 계산했다. 그러나 임대사업자는 주택을 팔지 않는다면 거래세의 일종인 양도세를 낼 일이 발생하지 않는다.

취득세와 양도세를 제외하고 같은 기준에서 국토교통부의 시뮬레이션을 다시 계산한다면 결과는 어떻게 나올까.

A가 임대사업자 등록을 하지 않을 경우 세부담은 1,205원에서 529만 원으로 낮아진다. 반면 등록을 할 경우 세부담은 270만 원으로 큰 차이가 없다. A가 임대사업자로 등록해 연간 절감할 수 있는 세부담은 935만 원이 아닌 375만원으로 국토교통부 발표보다 줄어든다. 국토교통부가 발표한 절세 효과가 크게 줄어들면서 임대사업자 전환 유인 정책의 실효성에 대한 의구심은 더욱 커질 수밖에 없다. 사실 대부분의 다주택자 임대는 사업자 등록을 하지 않고 버티는 쪽이 세원도 노출되지 않으니 유리하다. 다주택자들은 절세 효과보다 집값 상승에 따른 시세차익에 더 민감하다.

정부 정책의 문제는 정부가 시장에 개입해서 교통정리를 하면 만사가 해결된다는 착각에 빠져 있는 것이다. 우리는 개발 독재 시대에 정부가 시장에 개입해 모든 경제 문제에 대하여 교통정리를 하면서 그들의 무능함과 실패를 지켜보았다. 부동산 전문가 사이에서 정부의 정책을 두고 초보도 이런 초보도 없다는 이야기가 왜 나오는지를 정부는 심각하게 고민해봐야 한다.

단지 가구 보유수로만 다주택자들을 판단해서는 안 된다. 서울 수도권에 10억 원 이상의 주택을 보유하고 있는 사람과 1~2억 원 수준의 연립주택을 구입해 노후준비를 하는 사람들마저 투기 세력으로 보는 것, 건강보험료도 지역가입자의 경우 소득으로만 평가해 정하는 지금의 방식으로는 정부의 임대주택 활성화 방안은 무위로 끝날 확률이 높다. 정부는 건강보험료를 낮춰주겠다고 하지만 월세로 생활하는 사람이면 몰라도 월급쟁이 다주택자들은 이미 직장에서 건강보험료를 내고 있어 전혀 이익이 없다.

정부의 임대주택 활성화 방안은 우리에게 보유주택을 8년간 장기임대할 것인가, 아니면 지금 팔아야 하는 것인가 하는 선택을 강요하고 있다.

임대주택 활성화 방안은 임차인 보호 대책, 전·월세 상한선제와 계약 청구권 도입을 골자로 하고 있다. 이 중에서 전·월세 상한선제와 계약 갱신 청구권 도입은 늦춰지고 있다. 임차인 보호 정책도 크게 새로운 내용은 없다. 정부 규제를 받는 임대주택을 늘려 임차인을 보호한다는 것이 임대주택 활성화 방안의 골자라고 하지만 이는 정부가 무등록 임대주택을 제도권으로 불러들여 투명하게 감시하고 통제한다는 정부의 의도가 다분히 있는 정책이다.

8년 이상 장기임대 시 양도소득세 중과 및 종합부동산세 합산 배제, 장기 보유 특별공제 비율은 50~70퍼센트로 상향된다. 연 2,000만 원 이하 분리과세 대상자의 건강보험료 인상 분은 임대기간에 따라 40~80퍼센트 감면된다.

정부는 장기 임대 등록을 유도하기 위해 개인주택 양도세 중과 및 종합부동산세 합산 배제 기준을 현재 5년 이상에서 8년 이상 임대로 바꿨다. 전용면적 85제곱미터 이하 주택을 8년 이상 임대할 경우 그동안 적용되던 양도세 장기 보유 특별공제 비율을 50퍼센트에서 70퍼센트로 20퍼센트 높였다.

2019년부터 예정되어 있는 연 2,000만 원 이하 임대소득에 대한 과세와 건강보험료도 줄어든다. 8년 임대 시 재산세가 감면되고, 건강보험료 인상 분이 80퍼센트, 4년 임대 시에는 40퍼센트 감면된다. 지방세의 경우 2021년까지 취득세와 재산세를 감면한다. 임대소득에도 1주택만 임대해도 감면해주는 등 혜택을 늘렸다.

정부의 목표는 현재 80만 가구 수준인 등록임대주택을 2022년까지 200만 가구로 늘리는 것이다. 등록된 임대주택의 연간 임대료 상한선을 5퍼센트 이내로 묶음으로서 전·월세 인상률 상한제 효과를 노리면서 대신에 임대주택으로 등록한 집주인들에게 세제를 감면하고 건강보험료 부담을 줄여주는 것을 목표로 한다.

그러나 8년간 임대료를 많이 올리지 못하고 임대기간을 준수하지 못할 경우 최대 1,000만 원의 과태료가 부과되는 등 제약이 늘어난 것에 비해 세제 혜택은 크지 않다. 임대 등록에 매력을 느끼지 못한 다주택자들이 매도를 선택해 매물이 급증할 수도 있다. 정부는 주거 안정이 복지국가로 가는 첫 단계라는 생각으로 이 정책을 발표했지만 시장의 반응이 미온적인 것은 이 정책이 사람들의 마음을 움직이지 못하고 있기 때문이다.

006

재건축 초과 이익 환수제 논쟁을 지켜보며

재건축 초과 이익 환수제는 재건축 사업으로 발생한 이익에 대해서 조합원 1인당 평균 개발이익이 3,000만 원을 넘어서면 그 이상 발생하는 이익에 대해서는 최고 50퍼센트를 부담금으로 환수하는 제도다.

이 제도는 참여정부 시절인 2006년 시행되었으나 주택시장이 침체에 빠지면서 2012년 12월 18일부터 2014년 12월 31일까지 2년간 유예되었다. 이후 유예기간이 연장되어 2017년 12월 31일까지 3년간 추가로 유예 조치되었다.

재건축 초과 이익 환수제의 부활은 작게는 수백 만 원에서 크게는 수억 원이 넘어가는 부담금이 증가한다. 이를 회피하기 위해 강남 재건축시장을 중심으로 사업을 서둘러 왔고 이는 주변 시장의 과열로 번지게 되는 결과를 낳았다. 재개발 이익 초과 환수제를 회피하려면 2018년 1월 2일까지는 관리 처분 인가를 신청해야 했기 때문이다.

이 사안은 논리적으로 문제가 있다. 재건축으로 발생한 이익을 왜 국가가 가져가야 하는지에 대한 비판이 그래서 많은 것이다. 건축된지 너무 오래되어서 주거 자체가 위험하다고 판단되는 집을 재건축하는 것인데 정부가 개입해 초과 이익을 환수한다는 것은 사회주의 국가에서나 벌어질 수 있는 일이다. 그리고 정부에 의한 중복과세는 엄연한 사유재산 침해다.

재건축 초과 이익 환수제는 재건축 사업을 지연시키며 이는 도시 슬럼화로 이어진다. 또한 풍선 효과까지 더해져 부동산 가격이 폭등하는 결과로 이어질 수도 있다. 실거주용으로 수십 년 전에 구입한 사람들마저 투기세력으로 모는 것은 옳지 않다.

007

금리 인상과 수익성 부동산 투자 전망

현재 수익성 부동산시장은 입주물량의 증가와 대출금리의 인상으로 어느 때보다 힘든 환경이 조성되고 있다. 특히 대출금리 인상과 대출조건이 강화되면서 수익률도 점차 하락 중이다. 수익성 부동산시장에서 투자금이 적어 진입장벽이 상대적으로 낮은 오피스텔은 정부 부동산 규제의 타깃이 되고 있다. 8·2 부동산 대책을 통해 투기과열지구, 조정 대상 지역의 오피스텔 분양권은 소유권 이전등기까지 전매하지 못하도록 규정이 바뀌었다. 그 동안 오피스텔은 전매기간의 규제가 없어 유망 지역의 경우 청약 당첨 이후 바로 프리미엄을 받고 매매가 가능했다. 당연히 단기 시세차익을 노린 투자자들이 몰려들었다.

대출금리의 인상은 수익률 저하로 나타나고 있다. 서울 오피스텔의 수익률은 2017년 11월 기준으로 평균 4.89퍼센트로 5퍼센트 미만으로 하락 중이다. 2018년 전국에 입주하는 오피스텔 물량은 총 7만 2,666실로 이는 2017년 대비 45.14퍼센트가 늘어난 것이다. 2004년의 9만 266실 이후 가장 많은 물량이다.

정부는 10·24 가계부채 종합 대책을 통해 부동산 임대사업자의 상환능력 심사에서 임대업이자 상환 비율을 산출해 참고지표로 삼겠다고 한다. 따라서 임대사업자가 대출을 받을 때 연간 임대소득이 대출이자보다 많아야 대출이 승인된다. 2018년 3월부터 은행권에 도입되게 되어 임대 사업 투자자들에게는 유동성의 고리가 일부 상실되는 것으로 투자 기피 현상이 발생할 수가 있다.

부동산 114의 자료에 의하면 2017년 3월 말 기준으로 전국의 71개 오피스텔 단지들의 수익률을 비교한 결과, 진주시 10.71퍼센트, 포항시 10.09퍼센트, 속초시 9.42퍼센트, 제주시 9.02퍼센트, 통영시 7.92퍼센트 순으로 수익률이 높았다. 이 지역들이 임대수익률 상위에 랭크 된 것은 오피스텔 수요에 비해 공급량이 적었기 때문이다. 연간 임대수익률 1위를 기록한 진주시의 경우 2015년 이후 오피스텔 공급물량이 1,260실로 전국 71개 시 평균 3,467실의 3분의 1 수준이었다. 결국 오피스텔 공급량이 수익률을 결정하는 주요 요인이라는 것을 알 수가 있다. 이번 조사에서 연간 임대수익률 상위 10개 지역의 3.3제곱미터당 분양가는 320만 원으로 전국의 평균 분양가인 807만 원의 절반도 되지 않는다.

이는 오피스텔 투자의 수익률은 외곽으로 나갈수록, 매매가가 낮을수록 높아진다는 것을 확인시켜주는 것이다. 반면 오피스텔 평당 분양가가 가장 높은 서울의 경우 연간 임대수익률은 4.98퍼센트로 연 5퍼센트도 되지 않는다. 따라서 오피스텔 투자는 서울의 핵심권역만을 고집할 필요가 없다.

0 0 8

2018년 추진되고 있는 정부의 부동산 대책

정부의 부동산 대책이 정부의 의도대로 진행되지 않고 있다. 오히려 시장 전체를 혼돈의 장으로 만들고 있다. 부동산시장은 장기적으로 조정 국면을 거칠 것이다. 그렇다 해도 2018년에 시행될 정부의 부동산 정책을 상기하고 이에 대응하는 전략을 세우는 것은 필요하다고 하겠다.

1. 2018년 발표된 부동산 정책

2018년 1월 1일

- 재건축 초과 이익 환수제 : 재건축 사업으로 발생한 개발 이익을 부과해 기준에 의거 징수.
- 분양권 전매, 양도세 강화 : 조정 지역 내에서 거래 시 보유기간

에 상관없이 50퍼센트 세율, 1월 11일 이후 분양권부터 적용.

2018년 1월

- 신 DTI 도입 시행 : 소득부채 산정방식 개선, 주택 담보대출은 기존의 주택 담보대출 원리금과 기타 대출이자를 합산해 계산.
- 소득세 심사는 최근 2년간 증빙서류, 장래증가분을 계산한 소득으로 파악.

2018년 3월

- 부동산 여신심사 강화 : 부동산 임대사업자가 대출 시 임대수익 이자비율RTI을 산출해 대출 심사.

2018년 4월 1일

- 양도세 중과, 정기 특별공제 배제.

2. 2017년 발표된 부동산 정책

2017년 6월 19일

- 조정 대상 지역 40곳으로 확대.
- 서울 전 지역 입주 시까지 분양권 거래 금지.
- 조정 대상 지역 LTV 60퍼센트, DTI 50퍼센트 적용.
- 재건축 조합원 주택 공급수 제한.
- 집단대출, 잔금대출 DTI 50퍼센트 적용.

8·2 부동산 대책

- 투기 과열 지역, 투기 지역 지정 부활.
- 민간택지 분양가 상한제 부활.
- 청약 1순위 자격요건 강화, 가점제 비율 확대, 투기과열지구 LTV·DTI 40퍼센트 규제.
- 다주택자 양도세 중과세.
- 투기과열지구 내 재개발 등 분양권 전매 제한.
- 재건축 초과 이익 환수제 2018년 1월부터 실시.
- 투기과열지구 3억 원 이상 주택자금조달 계획 신고 의무화.

2017년 9월 5일

- 성남시 분당구와 대구 수성구 투기과열지구로 지정, 재건축 초과 이익 환수제 2018년 1월 1일부터 실시
- 1세대 1주택자 비과세 요건 강화(2년 이상 거주해야 면제), 민간택지 분양가 상한제 적용요건 강화

2017년 10월 24일

- 신 DTI 도입, DSR 2018년 하반기부터 도입.

2017년 11월 29일

- 5년간 주택 100만 호 공급(공공임대 총 65만 호, 공공지원 민간임대 20만 호, 공공분양주택 15만 호), 공공택지지구 신규 개발, 신혼부부 특별공급 요건 강화.

2017년 12월 13일

- 임대사업자 재산세, 취득세 감면요건 3년 연장.
- 분리과세 필요경비 혜택, 소득세 감면 호수 기준 완화.
- 준공공 임대 양도세 장기보유 특별공제율 완화.
- 2,000만 원 이하 주택 임대소득 및 건강보험료 감면(8년 50퍼센트, 4년 40퍼센트)

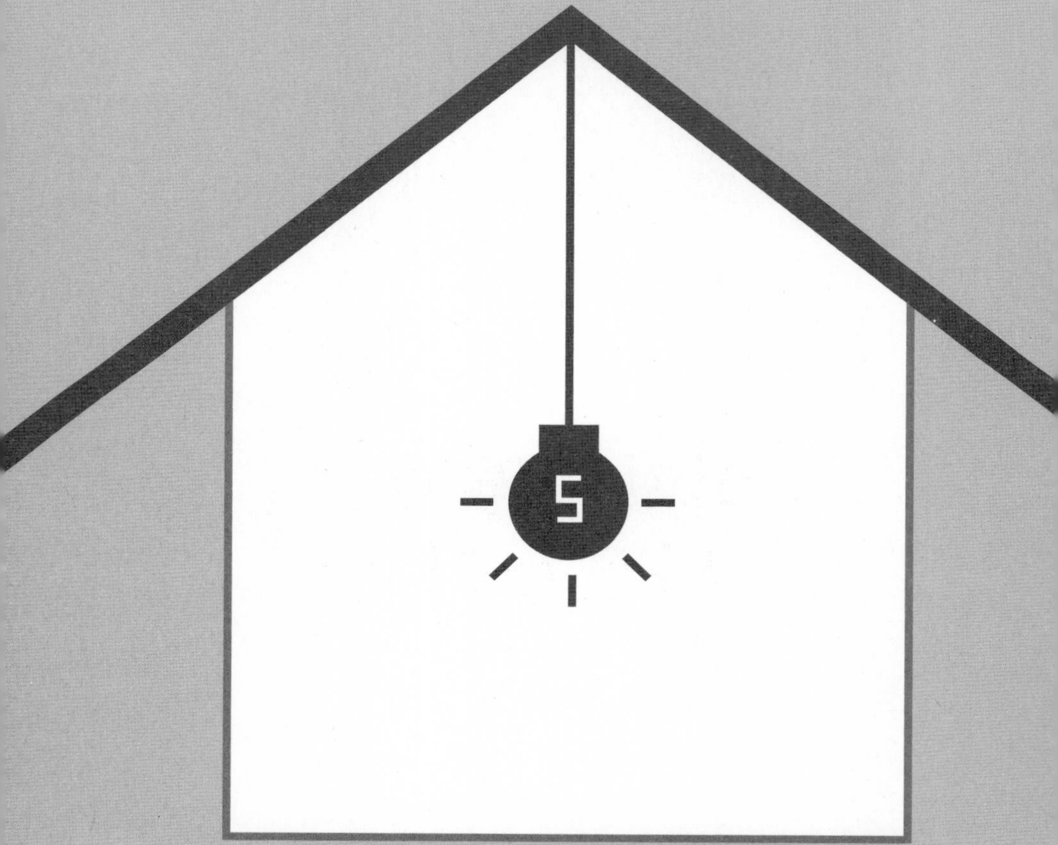

아파트 투자
바로 보기

001

서울 속의 경기도 광명시 바로 보기

예전부터 광명시는 서울과 경계하고 있는 수도권 도시 중에서 대표적으로 서울과 그 경계점이 가장 모호한 도시로 인식되면서 예전부터 서울의 일부로 사람들에게 인식되어 왔다. 광명시는 서울의 구로구 개봉동, 북동쪽으로는 구로구 가리봉동과 금천구 시흥동, 북서쪽으로는 경기도 부천시, 남쪽과 서쪽으로는 안양시와 인접하고 있다.

부동산 투자는 변화하는 교통지도에 따라 투자전략을 세우라는 말이 있다. 현재 광명시의 교통 호재는 크게 두 가지로 분류되고 있다. 그중 하나가 수원시와 광명시를 연결하는 고속도로(27.83킬로미터)인 수원-광명 고속도로 개통이다. 화성에서 광명까지 15분 이내에 관통하는 교통 환경이 만들어지면서 크게 개선된 것에 주목해 볼 필요가 있다.

수원과 광명 간 고속도로는 국도 1호선과 경부고속도로를 통합하는 새로운 수도권 서부 지역 간선도로망으로 경기 화성시 봉담읍에서 경기도 광명시 소화동까지 연결된다.

수원과 광명 간 고속도로의 개통은 기존에 35분 걸리던 이동시간을 15분으로 줄이는 획기적인 교통 개선이 이루어진다고 봐야 한다.

이 고속도로는 서수원에서 오산과 평택으로 연결되는 고속도로와 만나고 이후 광명–서울–문산구간까지 연장된다. 건설공사가 모두 끝나면 수원에서 문산까지의 이동시간이 1시간 정도 단축된다.

교통 호재로 인해 광명시의 3.3제곱미터 아파트 시세는 2017년 1,254만 원으로, 2년 전과 비교해 160만 원 가량 상승했다. 현재의 조정 국면이 끝나면 큰 폭의 가격 상승이 예상된다.

이외에 광명시는 강남순환고속도로 개통의 최고 수혜 지역으로 떠오르고 있다. 강남순환도로는 금천영업소(금천구 시흥동)–관악IC–사당IC–선암영업소(서초구 우면동)까지 총 12.4킬로미터를 잇는 민간투자 사업구간과 선암영업소에서 과천시 주암동을 거쳐 수서IC를 연결하는 서울시 시공구간으로 구분된다. 이 도로의 개통으로 금천구에서 강남구로의 이동시간이 30분 정도 걸리게 됐고, 이 도로의 개통으로 가장 수혜를 받는 지역이 광명시 소재의 아파트들이다. 이 도로의 개통으로 광명시 주민들은 스트레이트로 강남과 연결되기 때문에 강남에 직장을 가진 사람들의 관심이 증폭되고 있다.

광명시는 서울과 경계하고 있으며 7호선이 통과해 경기도로 분류되는 지역이지만 서울 같은 곳이다. 광명시의 전화국번은 02로 서울과 같은 번호를 쓴다. 현재 광명시의 핫 이슈는 광명 시흥 테크노벨리, 광명시 철산동, 소화동, 하안동 등의 재건축, 광명사거리역 재개발, 광명 KTX 개통으로 사당역까지 가는 셔틀버스, 철산역 주변의 재건축 7구역, 16구역 재개발이다.

광명시의 교통망은 서울 광명고속도로(문산-익산 고속도로), 서해안고속도로, 안양-성남고속도로, 서부간선 지하화로 마곡 DMC까지 한번에 연결되고, 인천대교를 타면 인천공항, 강남순환도로 양재, 수서역세권과 연결되는 교통망을 확보하고 있다.

현재 광명시에서 가장 변화한 곳은 철산역 일대다. 광영시청도 이곳에 있다. 광명사거리 지역은 재개발구역으로 7호선이 통과하지만 매우 낙후되어 있다. 광명시에서 단기적 투자가 목적이라면 광명재개발, 광명재건축 지역과 광명역세권 분양권을 주목하기 바란다.

장기적 관점에서 투자는 광명역세권 개발 완성, 광명 시흥 테크노벨리 완성 시점을 목표로 준공공임대 등록 등을 이용해 장기적인 관점에서 투자범위를 넓혀 항동지구, 철산지구, 온수역 개발계획 올길지구를 주목해야 한다.

실거주자라면 현재의 교육여건 때문에 여러 가지 상황을 고려해야 한다. 재개발·재건축 택지지구 등, 개발이 추진되는 주변 환경이 정비되는 과정에서 매우 혼란스러운 과정에 있다. 기존의 동네 이미지를 벗고 개발이 완료되는 시점까지 상당한 시간이 걸릴 것으로 예상된다. 부동산은 장기적으로 입지가 가격에 절대적으로 영향을 미친다는 관점에서 투자를 모색해야 한다.

002

운정신도시에 불고 있는 남북경협의 바람

남북경협이 가시권에 들어오면서 지금까지 수도권의 변방으로 취급 받았던 파주 운정신도시가 새로운 시세 흐름을 보이고 있다.

운정신도시는 남북관계의 개선조치가 가시권에 접어들고, GTX-A 노선 사업자 선정으로 부동산시장에서 최고의 관심 지역으로 부상하고 있다. 2023년 개통 예정인 GTX 운정역 주변의 아파트단지들은 전체 부동산시장이 본격적인 조정장으로 진입하고 있는 이 순간에도 들썩이고 있다. 2018년 3월 한국은행의 기준금리 인상조치, 미국연준의 금리 인상 지속, 2018년 시행에 들어간 다주택자에 대한 양도세 강화조치에도 불구하고 이 지역은 분양권 급매물이 쏟아지면서 한때 시세가 조정 국면으로 진입했으나 남북경협 호재 바람을 타고 급매물이 모두 정리되고 가격은 오름세로 재진입하고 있다.

2018년 5월 기준으로 말한다면 운정신도시 푸르지오의 분양권은 7,000~8,000만 원에 웃돈이 붙어 거래되고 있으며, 호가는 최고 1억 원에 거래되고 있다. 힐스테이트 운정도 호가가 7,000만 원까지 높아졌다. 이 단지들은 GTX 운정역 역세권 입지로 주목을 받고 있다.

운정신도시는 그 동안 뛰어난 도시 기반시설에도 불구하고 저평가 받아왔다. 운정신도시가 그간 저평가되어온 이유는 불편한 서울 접근성으로 인해 서울 이동시간이 많이 걸린다는 것이었다. 그러나 2018년 4월 26일 신한은행 컨소시엄이 운정신도시 서울 삼성역구간 사업의 우선 협상 대상자로 선정되면서 GTX 개통에 대한 기대감이 상승했다. 이로 인해 운정신도시의 재평가 작업이 이뤄지고 있다.

특히 주목해서 볼 점은 남북정상회담을 계기로 남북관계 개선이 가시화되면서 운정신도시가 부동산시장에서 최고의 관심 지역으로 부상하고 있다는 점이다.

운정신도시는 노무현 정부 당시 건설됐던 경기도 동탄, 판교, 위례 신도시와 함께 2기 신도시로 개발됐으나 2기 신도시 중 가장 소외된 지역이었다. 그러나 이명박 정부와 박근혜 정부 당시 냉각됐던 남북관계가 급 호전되면서 다시 운정신도시의 재평가 작업이 진행 중이다. 이제 운정신도시는 수도권을 넘어서 전국적인 관심 지역으로 부상하고 있다.

003

수도권 핵심 지역 아파트, 조정 국면은 길어질 것이나 결국은 오른다

미국연준은 예상대로 기준금리를 1.75퍼센트에서 2.0퍼센트 구간으로 인상을 단행했다. 그리고 2018년 미국연준은 2차례의 금리 인상을 더 예고하고 있다. 미국과 우리나라의 금리 차이는 국내에 투자되어 있는 달러의 해외 유출로 이어져 국내 자본시장이 흔들리는 요인이 되고 있다. 이에 따라 미국연준의 금리 인상이 된 후 환율의 동향에 민감한 코스피지수는 금리 인상 이후 200포인트 이상 빠졌다.

이에 대한 대응책으로 한국은행은 기준금리를 올릴 수밖에 없을 것이라는 예측이 지배적이다. 물론 1,500조 원에 이르는 가계부채를 염려해 한국은행이 큰 폭의 금리 인상은 단행하지 못한다고 해도 국내금리가 오른다는 것은 이제 확정적인 것 같다. 금리 인상은 투자시장의 유동성을 악화시켜 부동산시장에도 악영향을 미칠 것이 확실하다. 이 문제가 아니더라도 국내 부동산은 일부 서울의 핵심구역을 제외하면 전체적으로 조정 국면으로 전환되었고 이는 예상보다 길어질 수 있다. 조정 국면이 지나면 인구절벽 현상에도 불구하고 지역 간 인구의 비대칭성으로 핵심 지역과 비핵심 지역 간의 양극화는 더 심해질 것이다. 따라서 조정 국면 이후의 부동산시장의 흐름에 맞는 투자는 시세가 높게 형성돼도 가급적 미래가치가 상승할 지역을 선점해 투자할 것을 강권한다.

소득 대비 집값 비율PIR과 주택매력지수HAI를 기초자료로 해서 평가해본 현 시점에서의 대한민국의 부동산 체감 가격은 10년 전보다 소득이 오르고, 금리 하락에 의한 2014년 이후 지속되어온 부동산 상승장에서 서울과 수도권 일대의 집값이 많이 올랐다는 것은 이미 알려진 사실이다. 이 시점을 전후해 서울 강남권의 집값은 2017년에도 30퍼센트 올랐다. 이처럼 집값이 단기간에 급등세를 타고 있음에도 매수 세력은 좀처럼 줄지 않고 있다. 이 현상이 일부 핵심 지역에서만 나타나고 있다고 해도 말이다.

2017년 8·2 대책 이후 정부의 주택 담보대출이 계속 강화된 정책이 나오고 있음에도 서울 강남 수도권의 인기 신도시의 경우 여전히 매수세가 끊이지 않아 왔다.

지난 3년간 부동산시장이 가파른 상승곡선을 그리고 있음에도 서울 수도권의 집값은 아직도 상승여지가 있을 것인가. 그러기 위해서는 투자자들이 체감하는 집값 수준이 과거보다 낮다는 것은 인정해야 한다. 소득 대비 집값의 비율을 나타내는 PIR과 주택구매력지수 HAI를 통해 서울 수도권 집 가격의 흐름이 과학적 근거가 있는지를 알아보자.

PIR은 연간소득 대비 주택 가격의 비율(주택 가격/연간소득)으로 수치가 낮을수록 집을 구매하는데 있어서 부담이 낮다는 것을 말하여주는 것이다. 2017년 9월을 기준으로 중간구간의 PIR은 11.2로 나타났다.

10년 전 PIR에 대해 국민은행이 관련 통계를 내기 시작한 2008년 12월에는 PIR이 11.9였다. 2009년 9월에는 12.1로 최고치를 기록했다. 2018년 2월 4일과 비교하면 소득 대비 집 가격은 비율이 매우 높다는 것을 알 수가 있다.

2014년 1월 당시에는 PIR은 8.8이었다. 즉 똑같은 조건이라고 할 때 집을 사는데 8.8년밖에 걸리지 않을 정도로 소득 대비 집 가격이 낮았다는 것이다. 2016년 7월까지 계속 마이너스 변동율을 보이던 서울 아파트 가격은 8월 이후 상승 모멘텀으로 돌아섰다.

HAI는 중간 정도의 소득을 가진 가구가 금융기관의 대출을 받아 중간 가격의 주택을 구입한다고 가정했을 때 현재의 소득으로 대출원리금 상환에 필요한 금액을 부담할 수 있는 능력을 나타내는 것으로 수치가 높아질수록 주택구매력이 높아진다는 것이다.

2009년 12월 서울 아파트 기준 HAI는 40.6퍼센트이었다. 그러나 2016년 12월에는 65.9퍼센트까지 상승했다. 이것은 사람들이 집을 살 여력이 높아지면서 매수세가 증가했고 이로 인해 집 가격 상승으로 나타났다.

집 가격이 본격적으로 상승 국면으로 진입했던 2016년 6월 이후에는 HAI는 60퍼센트를 넘었다. 그러나 집 가격이 많이 오르면서 2017년 9월의 HAI는 52.0퍼센트까지 떨어졌다. HAI가 과거에 비해 높아진 것은 평균소득은 계속 늘어난 반면 예금 대비 평균대출금리가 크게 낮아진 것이 많은 영향을 미쳤다.

2009년 12월 기준 전국 평균 중위가구 월 소득은 298만 원이었지만 2017년 9월에는 406만 원으로 36.2퍼센트 늘었다. 주택 담보 대출금리는 2009년 12월 6.81퍼센트에서 2017년 9월 3.42퍼센트까지 낮아졌다. 따라서 PIR, HAI 지수로 본 부동산시장은 계속 오르기만 할 수도 계속 내려가기만 하지도 않는다는 것이다. 주택 가격이 계속 더 올라갈수록 PIR은 높아지고 금리가 상승할수록 HAI 지수는 내려간다.

2014년 지속적으로 상승해왔던 부동산시장이 조정 국면으로 진입하면서 부동산 폭락에 관한 이야기는 어김없이 등장했다. 부동산 상승세가 주춤하고 가격이 조정을 받는 시점에는 반드시 등장하는 단골 메뉴다. 이 시점이 되면 소위 이념적 시각에서 부동산을 조망하는 자들은 부동산 붕괴론을 확장시킨다. 그러나 어느 경우든 정치적 도구에 의해 부동산을 규제하고 활성화하는 것은 결국 서울 핵심권 아파트 가격의 집중된 관심으로, 서울 핵심 지역의 아파트는 결국 속도의 문제이지 항상 신고가를 갱신해왔다. 정기적 관점에서 떨어진 적이 없다. 부동산 투자는 정치의 논리가 아닌 경제의 시각으로 바라보고 평가해야 한다.

우리가 정부의 부동산 규제책으로 위축되었던 시기였던 2017년 2월, 잠실 엘스 84제곱미터의 매매 가격은 11억 2,000만 원에 거래됐던 호가가 2018년 2월 16억 8,000만 원으로 약 5억 원이 올랐다. 이것이 시장의 모습이고 현재의 서울 핵심권역 아파트에서 나타나는 공통점이다.

사람들에게 금리가 낮다는 것은 오른다는 것을 전제로 논리를 전개한다. 그렇다. 국내금리는 2014년 이후 내리막길을 걸어왔다. 따라서 금리가 오르는 것은 당연한 수순이다. 그러나 한국은행의 기준금리가 1.5퍼센트 수준이다. 2010년도와 비교할 때 4분의 1 수준이다. 그래서 정부의 부동산 규제책에도 불구하고 저금리 기조는 계속되고 있다고 봐야 한다. 저금리로 인한 유동성이 결국 부동산 조정 국면에서도 지역 간 아파트시장의 양극화 현상으로 나타나고 있는 것이다.

0 0 4

미분양 아파트를 보는 코페르니쿠스적 시각

2017년 8·2 대책 이후 전국적으로 미분양 아파트의 증가가 지방부터 서서히 달궈져 수도권에서 조차 1순위 미달 아파트가 핵심구역 중 하나인 과천에서도 발생했다.

2018년 1월 기준으로 전국 미분양 주택은 서울 48가구, 인천 1,246가구, 경기 8,676가구, 강원 4,736가구, 충남 1만 1,002가구, 충북 4,526가구, 대전 1,210가구, 경북 8,237가구, 전북 1,667가구, 대구 135가구, 울산 637가구, 부산 2,937가구, 광주 431가구, 전남 1,211가구, 경남 1만 2,014가구이다.

미분양 증가는 투자자들의 투자심리를 급속히 냉각시키는 원인이 된다. 부동산도 사람들처럼 나이를 먹는다. 이제 막 입주가 시작된 부동산, 건축된 지 30년 이상 된 부동산도 많다. 따라서 멸실되는 부동산도 증가한다. 이 수만큼 공급량이 증가해야 주거안전망이 확보될 수가 있다. 공급량이 증가해 부동산 가격이 조정을 받고 하락세에 있는 지역의 아파트가 어느 시점에 가서 공급물량이 줄고 미분양이 해소되면 가격은 상승하는 것이 일반적이다.

이 시기를 대비하여 입지가 좋은 아파트를 주목하고 지속적으로 모니터링 하는 자세가 요구된다. 미분양 증가가 투자자에게 절대적으로 불리한 것만도 아니다. 이것은 지역적 차이와 미래 전망에 따라 다르다.

수도권 2기 신도시는 현재 입주물량이 대거 증가하면서 거의 모든 지역이 고통을 받고 있다. 가격은 떨어지고 미래 전망은 어둡다. 그러나 시장이라는 것은 악재가 호재로 바뀌는 것이 일순간이고 핵심 지역의 가격조정은 오히려 입지가 좋은 아파트를 싸게 구입하는 효과도 있다. 미분양 물건을 노려 투자하라는 말은 아니지만, 미분양 아파트도 옥석을 구분해 투자하는 지혜를 갖기 바란다.

앞으로 3년,
오를 지역만 짚어주는

부자들의 부동산 투자

초판 1쇄 인쇄 2018년 8월 1일
초판 1쇄 발행 2018년 8월 17일

지은이 박연수
펴낸이 우세웅
기획총괄 우민
기획편집 이지현
기획마케팅 정우진
북디자인 신은경

펴낸곳 슬로디미디어그룹
신고번호 제25100-2017-000035호
신고년월일 2017년 6월 13일
주소 서울시 서대문구 불광천길 116, 2층 (북가좌동) 203호
전화 02)493-7780
팩스 0303)3442-7780
전자우편 wsw2525@gmail.com (원고 투고)
홈페이지 http://slodymedia.modoo.at
블로그 http://slodymedia.xyz
페이스북・인스타그램 slodymedia

ISBN 979-11-88977-12-3 13320

이 도서의 국립중앙도서관 출판예정도서목록(CIP)은 서지정보유통지원시스템 홈페이지(http://seoji.nl.go.kr)와 국가자료공동목록시스템(http://www.nl.go.kr/kolis-net)에서 이용하실 수 있습니다.
(CIP제어번호 : CIP2018022797)